In allen diesen vier Erzählungen geht es um die Aufklärung von Mordfällen. Insofern handelt es sich um Kriminalgeschichten. Gavin Stevens, in der ersten Erzählung noch Strafverteidiger, in den drei anderen dann Bezirksankläger (das heißt: regionaler Staatsanwalt) in einer kleinen Landstadt im Süden der USA, spielt darin gewissermaßen die Rolle, die sonst Lord Peter oder Hercule Poirot spielen. (Er macht neben ihnen keine schlechte Figur.)

Aber in allen vier Erzählungen geht es um noch viel mehr. «Nicht über den Toten und nicht über die Tat möchte ich sprechen», sagt Onkel Gavin, «sondern über uns, die wir nicht tot sind und die wir eigentlich keine böse Tat begehen wollen, aber alle möglichen Leidenschaften, Gefühle und Ansichten haben.»

William Faulkner, 1897–1962, Generationsgenosse und Antipode Hemingways, Nobelpreisträger 1949, zeichnet Menschen-Charaktere und Menschen-Schicksale von unglaublicher, von ungeheuerlicher Größe. Von archaischer Größe. Die findet er bei Bauern, bei Einfachen, bei Armen, bei Sprachlosen, bei Behinderten. Faulkner bewegt seine Leser tief – er erschreckt sie – er tut ihnen weh – er lenkt und lockt sie – er gewinnt sie – er erhebt sie zuletzt: So lauter, so liebevoll, so unvergänglich treu könnte der Mensch sein – und ganz selten mal *ist* einer so.

Elisabeth Schnack, die Grand Old Lady der Englisch-Übersetzer, hat ihre schöne deutsche Fassung dieser vier Faulkner-Erzählungen sorgfältig für die Paralleldruck-Ausgabe überarbeitet.

dtv zweisprachig · Edition Langewiesche-Brandt

WILLIAM FAULKNER

FOUR GREAT STORIES

VIER MEISTERERZÄHLUNGEN

Auswahl und Übersetzung von Elisabeth Schnack

Deutscher Taschenbuch Verlag

Deutscher Taschenbuch Verlag GmbH & Co. KG, München
1. Auflage Juni 1990

Umschlagentwurf: Celestino Piatti
Gesamtherstellung: Kösel, Kempten
ISBN 3-423-09271-8. Printed in Germany

Tomorrow

Uncle Gavin had not always been county attorney. But the time when he had not been was more than twenty years ago and it had lasted for such a short period that only the old men remembered it, and even some of them did not. Because in that time he had had but one case.

He was a young man then, twenty-eight, only a year out of the state-university law school where, at grandfather's instigation, he had gone after his return from Harvard and Heidelberg; and he had taken the case voluntarily, persuaded grandfather to let him handle it alone, which grandfather did, because everyone believed the trial would be a mere formality.

So he tried the case. Years afterward he still said it was the only case, either as a private defender or a public prosecutor, in which he was convinced that right and justice were on his side, that he ever lost. Actually he did not lose it – a mistrial in the fall court term, an acquittal in the following spring term – the defendant a solid, well-to-do farmer, husband and father, too, named Bookwright, from a section called Frenchman's Bend in the remote southeastern corner of the county; the victim a swaggering bravo calling himself Buck Thorpe and called Bucksnort by the other young men whom he had subjugated with his fists during the three years he had been in Frenchman's Bend; kinless, who had appeared overnight from nowhere, a brawler, a gambler, known to be a distiller of illicit whiskey and caught once on the road to Memphis with a small drove of stolen cattle, which the owner promptly identified. He had a bill of sale for them, but none in the country knew the name signed to it.

Bis in Ewigkeit

Onkel Gavin war nicht immer Bezirksanwalt gewesen. Doch die Zeit, wo er es noch nicht war, lag über zwanzig Jahre zurück und hatte nicht lange gedauert, so daß nur die alten Männer sich daran erinnerten, und auch von ihnen bloß einige. Denn in jener Zeitspanne hatte er nur einen einzigen Fall gehabt.

Er war damals ein junger Mann von achtundzwanzig, erst seit einem Jahr von der Staatsuniversität zurück, wohin er auf Großvaters Betreiben nach seiner Rückkehr von Harvard und Heidelberg gegangen war; er hatte den Fall freiwillig übernommen und Großvater überredet, ihm zu erlauben, ihn allein zu bearbeiten, was Großvater auch tat, da alle glaubten, die Verhandlung sei bloße Formsache.

Er führte also den Prozeß. Noch nach Jahren sagte er stets, es sei der einzige Prozeß gewesen, den er je – als privater Verteidiger oder als öffentlicher Ankläger – verloren habe, obwohl er Recht und Gesetz sicher auf seiner Seite glaubte. Eigentlich hat er ihn gar nicht verloren. Eine fehlerhaft durchgeführte Untersuchung während der Sitzungsperiode im Herbst, ein Freispruch im folgenden Frühjahr –, der Angeklagte ein rechtschaffener, wohlhabender Farmer und Ehemann und Vater namens Bookwright aus dem Franzosenwinkel, der entlegenen Südostecke unsres Bezirks; das Opfer ein großmäuliger Bandit, der Buck Thorpe hieß und von den anderen jungen Leuten, die er sich während seines dreijährigen Aufenthalts im Franzosenwinkel mit den Fäusten unterworfen hatte, Bucksnort, Mordskerl, genannt wurde; der war ohne Angehörige, über Nacht von Nirgendwoher aufgetaucht, ein Raufbold, ein Glücksspieler, bekannt als Hersteller von illegalem Whisky; einmal war er auf der Landstraße nach Memphis mit einer kleinen Herde gestohlener Rinder erwischt worden, die der wahre Besitzer sofort als seine eigenen erkannte. Thorpe konnte einen Kaufvertrag vorweisen, aber niemand in der Gegend kannte die Unterschrift.

And the story itself was old and unoriginal enough: The country girl of seventeen, her imagination fired by the swagger and the prowess and the daring and the glib tongue; the father who tried to reason with her and got exactly as far as parents usually do in such cases; then the interdiction, the forbidden door, the inevitable elopement at midnight; and at four o'clock the next morning Bookwright waked Will Varner, the justice of the peace and the chief officer of the district, and handed Varner his pistol and said, "I have come to surrender. I killed Thorpe two hours ago." And a neighbor named Quick, who was first on the scene, found the half drawn pistol in Thorpe's hand; and a week after the brief account was printed in the Memphis papers, a woman appeared in Frenchman's Bend who claimed to be Thorpe's wife, and with a wedding license to prove it, trying to claim what money or property he might have left.

I can remember the surprise that the grand jury even found a true bill; when the clerk read the indictment, the betting was twenty to one that the jury would not be out ten minutes. The district attorney even conducted the case through an assistant, and it did not take an hour to submit all the evidence. Then Uncle Gavin rose, and I remember how he looked at the jury – the eleven farmers and storekeepers and the twelfth man, who was to ruin his case – a farmer, too, a thin man, small, with thin gray hair and that appearance of hill farmers – at once frail and work-worn, yet curiously imperishable – who seem to become old men at fifty and then become invincible to time. Uncle Gavin's voice was quiet, almost monotonous, not ranting as criminalcourt trials had taught us to expect; only the words were a little different from the ones he
8 would use in later years. But even then, although
9 he had been talking to them for only a year, he

Die Geschichte selber war ganz und gar nichts Besonderes: ein siebzehnjähriges Mädchen vom Land, die für Mut und Tollkühnheit und Verwegenheit und Schlagfertigkeit schwärmte; der Vater, der ihr Vernunft beizubringen versuchte und genausoweit kam, wie Eltern in solchen Fällen meistens kommen; dann das Machtwort, das Hausverbot, die unvermeidliche Entführung um Mitternacht; und am nächsten Morgen um vier weckte Bookwright den Friedensrichter und obersten Beamten des Wahldistrikts, Will Varner, reichte ihm seine Pistole und sagte: «Ich möchte mich stellen. Ich habe vor zwei Stunden den Thorpe erschossen.» Ein Nachbar namens Quick, der als erster am Tatort gewesen war, hatte in Thorpes Hand die halb gezogene Pistole gesehen. Eine Woche nach Erscheinen des kurzen Berichts in den Zeitungen von Memphis tauchte eine Frau im Franzosenwinkel auf und behauptete, Thorpes Frau zu sein; sie konnte es mit einem Trauschein nachweisen und erhob Anspruch auf alles, was er an Geld und Besitztümern hinterlassen haben mochte.

Ich erinnere mich an die Überraschung, daß die Geschworenen überhaupt eine richtige Anklageschrift formuliert hatten, und als der Protokollführer die Anklage verlas, wetteten wir zwanzig zu eins, daß die Geschworenen keine zehn Minuten draußen bleiben würden. Der Staatsanwalt ließ den Fall sogar nur durch einen Assistenten führen, und es nahm keine Stunde in Anspruch, den Tatbestand vorzutragen. Dann stand Onkel Gavin auf, und ich weiß noch, wie er die Geschworenen ansah – die elf Farmer und Ladenbesitzer und den zwölften Mann, der ihm den Prozeß verderben sollte; der war ebenfalls Farmer, ein magerer Mensch, klein, mit schütterem grauem Haar, eine Erscheinung wie alle Bergfarmer – zugleich abgearbeitet und zerbrechlich und doch merkwürdig unverwüstlich –, die mit fünfzig Jahren Greise zu werden scheinen und denen dann die Zeit nichts mehr anhaben kann. Onkel Gavins Stimme war ruhig, fast eintönig, nicht hochtrabend, wie es Strafprozesse eigentlich erwarten lassen; nur die Worte unterschieden sich ein wenig von denen, die er in späteren Jahren gebrauchte. Doch selbst

could already talk so that all the people in our country – the Negroes, the hill people, the rich flatland plantation owners – understood what he said.

"All of us in this country, the South, have been taught from birth a few things which we hold to above all else. One of the first of these – not the best; just one of the first – is that only a life can pay for the life it takes; that the one death is only half complete. If that is so, then we could have saved both these lives by stopping this defendant before he left his house that night; we could have saved at least one of them, even if we had had to take this defendant's life from him in order to stop him. Only we didn't know in time. And that's what I am talking about – not about the dead man and his character and the morality of the act he was engaged in; not about self-defense, whether or not this defendant was justified in forcing the issue to the point of taking life, but about us who are not dead and what we don't know – about all of us, human beings who at bottom want to do right, want not to harm others; human beings with all the complexity of human passions and feelings and beliefs, in the accepting or rejecting of which we had no choice, trying to do the best we can with them or despite them – this defendant, another human being with that same complexity of passions and instincts and beliefs, faced by *a problem – the inevitable* misery of his child who, with the headstrong folly of youth – againt that same old complexity which she, too, did not ask to inherit – was incapable of her own preservation – and solved that problem to the best of his ability and beliefs, asking help of no one, and then abode by his decision and his act."

He sat down. The district attorney's assistant merely rose and bowed to the court and sat down

damals – obwohl er erst seit einem Jahr bei ihnen gesprochen hatte – konnte er schon so sprechen, daß alle Leute in unserer Gegend, die Neger, die vom Gebirge und die reichen Hofbesitzer der Ebene, verstanden, was er sagte.

«Uns allen in diesem Land, dem Süden, ist von Geburt an einiges beigebracht worden, woran wir uns vor allem halten. Einer dieser Grundsätze – nicht der beste, nur einer der ersten – lautet, daß getötetes Leben nur mit dem Leben vergolten werden kann; daß der eine Tod nur etwas Halbes ist. Wenn es so ist, dann hätten wir die beiden Menschenleben dadurch retten können, daß wir den Angeklagten hinderten, in jener Nacht sein Haus zu verlassen; wir hätten mindestens ein Menschenleben retten können, selbst wenn wir diesen Angeklagten hätten ums Leben bringen müssen, um ihn zu hindern. Nur wußten wir es nicht rechtzeitig. Darüber möchte ich jetzt sprechen – nicht über den Toten und seine Wesensart und die moralische Seite der Tat, die er beging; auch nicht über Notwehr, und ob der Angeklagte berechtigt war, den Streit so weit zu treiben, daß er ein Leben kostete, sondern über uns, die wir nicht tot sind, und was wir alles nicht wissen; über uns, lauter Menschen, die im Grunde recht handeln wollen und anderen nichts zuleide tun wollen; Menschen mit aller Vielfalt der Leidenschaften und Gefühle und Ansichten, die anzunehmen oder abzulehnen wir keine Wahl hatten, und mit denen oder denen zum Trotz wir versuchen, das Beste zu tun, was wir tun können – und über diesen Angeklagten mit der gleichen Vielfalt der Leidenschaften und Instinkte und Ansichten, der sich vor ein Problem gestellt sah, das unvermeidliche Unglück seiner Tochter (die mit der starrköpfigen Torheit der Jugend – wiederum mit der gleichen alten Vielfalt, die auch sie nicht zu erben begehrt hatte – unfähig war, sich selber zu schützen), und der nun das Problem nach bestem Wissen und Gewissen löste, von keinem Hilfe verlangte und dann zu seiner Entscheidung und zu seiner Tat stand.»

Er setzte sich. Der Assistent des Staatsanwalts erhob sich nur, um sich vor dem Gerichtshof zu verbeugen, und setzte sich wieder. Die Geschworenen gingen hinaus, und wir woll-

again. The jury went out and we didn't even leave the room. Even the judge didn't retire. And I remember the long breath, something, which went through the room when the clock hand above the bench passed the ten-minute mark and then passed the half-hour mark, and the judge beckoned a bailiff and whispered to him, and the bailiff went out and returned and whispered to the judge, and the judge rose and banged his gavel and recessed the court.

I hurried home and ate my dinner and hurried back to town. The office was empty. Even grandfather, who took his nap after dinner, regardless of who hung and who didn't, returned first; after three o'clock then, and the whole town knew now that Uncle Gavin's jury was hung by one man, eleven to one for acquittal, then Uncle came in fast, and grandfahter said, "Well, Gavin, at least you stopped talking in time to hang just your jury and not your client."

"That's right, sir," Uncle Gavin said. Because he was looking at me with his bright eyes, his thin, quick face, his wild hair already beginning to turn white. "Come here, Chick," he said. "I need you for a minute."

"Ask Judge Frazier to allow you to retract your oration, then let Charley sum up for you," grandfather said. But we were outside then, on the stairs, Uncle Gavin stopping halfway down, so that we stood exactly halfway from anywhere, his hand on my shoulder, his eyes brighter and intenter than ever.

"This is not cricket," he said. "But justice is accomplished lots of times by methods that won't bear looking at. They have moved the jury to the back room in Mrs. Rouncewell's boardinghouse.
12 The room right opposite that mulberry tree. If
13 you could get into the back yard without anybody

ten den Sitzungssaal gar nicht erst verlassen. Selbst der Richter zog sich nicht zurück. Ich erinnere mich an den hörbar langen Seufzer oder dergleichen, der durch den Saal ging, als der Uhrzeiger hinter der Richterbank über die zehn Minuten hinging und dann über die dreißig Minuten, und wie der Richter einen Gerichtsdiener heranwinkte und mit ihm flüsterte, und wie der Gerichtsdiener hinausging und zurückkehrte und dem Richter etwas zuflüsterte, und wie der Richter aufstand und mit seinem Hammer klopfte und die Verhandlung vertagte.

Ich lief nach Hause und aß mein Mittagsbrot und lief wieder in die Stadt. Das Büro war leer. Sogar Großvater, der sonst nach dem Mittagessen seinen Verdauungsschlaf hielt, ohne Rücksicht darauf, ob jemand hängengeblieben war oder nicht, ging zurück, als erster; nach drei Uhr wußte es dann das ganze Städtchen, daß Onkel Gavins Geschworene wegen eines einzigen Mannes hängengeblieben waren; sie waren elf zu eins für den Freispruch; da trat Onkel Gavin rasch ein, und Großvater sagte: «Ein Glück, Gavin, daß du rechtzeitig zu reden aufgehört hast, so daß nur deine Geschworenen hängen, und nicht auch noch dein Klient.»

«Jawohl, Sir», sagte Onkel Gavin. Aber eigentlich sah er mit seinen gescheiten Augen, dem schmalen, beweglichen Gesicht und dem wilden Haar, das schon weiß zu werden begann, nur auf mich. «Komm her, Junge!« sagte er. «Ich brauch dich eine Minute!»

«Frag doch den Richter Frazier, ob er gestattet, daß du deine Schlußrede zurückziehst, dann kann Charley für dich zusammenfassen!» sagte Großvater. Aber da waren wir schon draußen; auf dem Treppenabsatz blieb Onkel Gavin stehen, so daß wir genau zwischen den beiden Stockwerken standen; er legte mir die Hand auf die Schulter, und seine Augen waren wacher und eindringlicher denn je.

«Es ist kein Kricket-Spiel», sagte er. «Aber die Gerechtigkeit wird wer weiß wie oft durch Methoden erlangt, die man nicht zu nah betrachten darf. Die Geschworenen haben sich in das Hofzimmer von Mrs. Rouncewells Pension begeben, also in das Zimmer genau gegenüber vom Maulbeerbaum.

seeing you, and be careful when you climb the tree —"

Nobody saw me. But I could look through the windy mulberry leaves into the room, and see and hear, both the nine angry and disgusted men sprawled in chairs at the far end of the room; Mr. Holland, the foreman, and another man standing in front of the chair in which the little, worn, dried-out hill man sat. His name was Fentry. I remembered all their names, because Uncle Gavin said that to be a successful lawyer and politician in our country you did not need a silver tongue nor even an intelligence; you needed only an infallible memory for names. But I would have remembered his name anyway, because it was Stonewall Jackson – Stonewall Jackson Fentry.

"Don't you admit that he was running off with Bookwright's seventeen-year-old daughter?" Mr. Holland said. "Don't you admit that he had a pistol in his hand when they found him? Don't you admit that he wasn't hardly buried before that woman turned up and proved she was already his wife? Don't you admit that he was not only no-good but dangerous, and that if it hadn't been Bookwright, sooner or later somebody else would have had to, and that Bookwright was just unlucky?"

"Yes," Fentry said.

"Then what do you want?" Mr. Holland said. "What do you want?"

"I can't help it," Fentry said. "I ain't going to vote Mr. Bookwright free."

And he didn't. And that afternoon Judge Frazier discharged the jury and set the case for retrial in the next term of court; and the next morning Uncle Gavin came for me before I had finished breakfast.

"Tell your mother we might be gone overnight," he said. "Tell her I promise not to let you

Wenn du in den Hof kommen könntest, ohne daß dich einer sieht, und vorsichtig auf den Baum klettern ...»

Niemand sah mich. Aber ich konnte zwischen den flatternden Maulbeerblättern ins Zimmer schauen und alles sehen und hören: die neun ärgerlichen, mißmutigen Männer, die am andern Ende des Zimmers sich in ihren Stühlen räkelten; dazu Mr. Holland, den Obmann, und einen anderen Mann, die beide vor dem Stuhl standen, auf dem der kleine abgearbeitete, ausgedörrte Mann aus den Bergen saß. Er hieß Fentry. Ich merkte mir alle ihre Namen, denn Onkel Gavin sagt immer, wenn man in unserm Land ein erfolgreicher Anwalt und Politiker werden will, braucht man keine Rednergabe und nicht mal Verstand: man braucht nur ein unfehlbares Gedächtnis für Namen. Seinen Namen hätte ich mir sowieso gemerkt, denn er hieß Stonewall Jackson – Stonewall Jackson Fentry.

«Geben Sie etwa nicht zu, daß er mit Bookwrights siebzehnjähriger Tochter durchbrennen wollte?» sagte Mr. Holland. «Geben Sie nicht zu, daß er eine Pistole in der Hand hatte, als man ihn fand? Geben Sie nicht zu, daß er kaum begraben war, als schon eine Frau auftauchte und nachwies, daß sie seine Frau war? Geben Sie nicht zu, daß er nicht nur ein Taugenichts, sondern gemeingefährlich war und daß, wenn es nicht Bookwright gewesen wäre, früher oder später jemand anderes es hätte tun müssen, und daß Bookwright einfach Pech hatte?»

«Doch», sagte Fentry.

«Was wollen Sie denn dann noch?» rief Mr. Holland. «Was wollen Sie noch?»

«Ich kann's nicht ändern», erklärte Fentry, «ich stimme nicht dafür, daß Mr. Bookwright freigesprochen wird.»

Und er tat es auch nicht. Am gleichen Nachmittag entließ Richter Frazier die Geschworenen und vertagte den Fall zur erneuten Verhandlung auf die nächste Sitzungsperiode. Am folgenden Morgen kam Onkel Gavin, noch ehe ich mit dem Frühstück fertig war, um mich abzuholen.

«Sag der Mutter, wir blieben vielleicht über Nacht fort», sagte er. «Sag ihr, ich verspreche, daß du weder erschossen

get either shot, snake-bit or surfeited with soda pop. . . . Because I've got to know," he said. We were driving fast now, out the northeast road, and his eyes were bright, not baffled, just intent and eager. "He was born and raised and lived all his life out here at the very other end of the county, thirty miles from Frenchman's Bend. He said under oath that he had never even seen Bookwright before, and you can look at him and see that he never had enough time off from hard work to learn how to lie in. I doubt if he ever even heard Bookwright's name before."

We drove until almost noon. We were in the hills now, out of the rich flat land, among the pine and bracken, the poor soil, the little tilted and barren patches of gaunt corn and cotton which somehow endured, as the people they clothed and fed somehow endured; the roads we followed less than lanes, winding and narrow, rutted and dust choked, the car in second gear half the time. Then we saw the mailbox, the crude lettering: G. A. Fentry; beyond it, the two-room log house with an open hall, and even I, a boy of twelve, could see that no woman's hand had touched it in a lot of years. We entered the gate.

Then a voice said, "Stop! Stop where you are!" And we hadn't even seen him – an old man, barefoot, with a fierce white bristle of mustache, in patched denim faded almost to the color of skim milk, smaller, thinner even than the son, standing at the edge of the worn gallery, holding a shotgun across his middle and shaking with fury or perhaps with the palsy of age.

"Mr. Fentry ——" Uncle Gavin said.

"You've badgered and harried him enough!" the old man said. It was fury; the voice seemed to rise suddenly with a fiercer, an uncontrollable blaze of it: "Get out of here! Get off my land! Go!"

noch von Schlangen gebissen noch mit Limonade überfüttert wirst ... aber ich muß etwas herausbringen.» Wir fuhren rasch auf die Nordost-Straße hinaus; seine Augen glänzten, nicht verwirrt, nur gespannt und eifrig. «Da draußen am anderen Ende des Bezirks, dreißig Meilen hinter dem Franzosenwinkel, wurde er geboren und wuchs er auf und verbrachte er sein ganzes Lebens. Er hat unter Eid ausgesagt, er habe Bookwright vorher nie gesehen, und wenn man ihn anschaut, sieht man, daß ihm die harte Arbeit nie Zeit gelassen hat, das Lügen zu lernen. Ich zweifle, ob er überhaupt Bookwrights Namen vorher gehört hat.»

Wir fuhren, bis es fast Mittag war. Wir waren jetzt in den Bergen, nicht mehr im üppigen Tiefland, sondern zwischen Kiefern und Farnkraut auf kargem Boden mit kleinen schrägen und armseligen Stückchen Mais- und Baumwoll-Land, das sich irgendwie hielt, wie auch die Menschen hier aushielten, denen das Land Kleidung und Nahrung gab. Die Straßen, auf denen wir fuhren, waren kaum Feldwege, so krumm und schmal waren sie, gefurcht und staubbedeckt, der Wagen mußte die halbe Zeit im zweiten Gang fahren. Dann sahen wir den Briefkasten mit den ungelenken Buchstaben G. A. Fentry; dahinter das Holzhaus mit zwei Räumen und einem offenen Gang; sogar ich, ein zwölfjähriger Junge, konnte sehen, daß hier seit Jahren keine Frauenhand gewaltet hatte. Wir traten durchs Tor.

Da rief eine Stimme: «Bleibt stehen! Bleibt auf der Stelle stehen!» Und wir hatten ihn doch noch gar nicht gesehen, den alten Mann: barfuß, mit einem wilden weißen Stoppel-Schnurrbart, in geflicktem Drillich, der fast zur Farbe von Magermilch verblaßt war, noch kleiner und magerer als sein Sohn – so stand er am Rand seiner morschen Veranda, hielt sein Gewehr quer vor dem Bauch und bebte vor Wut oder vielleicht auch vor Altersschwäche.

«Mr. Fentry...», begann Onkel Gavin.

«Sie haben ihn genug gequält und belästigt!» sagte der Alte. Also doch Wut; die Stimme schien sich zu noch wilderem, zu unbeherrschtem Zorn zu steigern. «Scheren Sie sich fort! Scheren Sie sich von meinem Land fort! Raus!»

"Come," Uncle Gavin said quietly. And still his eyes were only bright, eager, intent and grave. We did not drive fast now. The next mailbox was within the mile, and this time the house was even painted, with beds of petunias beside the steps, and the land about it was better, and this time the man rose from the gallery and came down to the gate.

"Howdy, Mr. Stevens," he said. "So Jackson Fentry hung your jury for you."

"Howdy, Mr. Pruitt," Uncle Gavin said. "It looks like he did. Tell me."

And Pruitt told him, even though at that time Uncle Gavin would forget now and then and his language would slip back to Harvard and even to Heidelberg. It was as if people looked at his face and knew that what he asked was not just for his own curiosity or his own selfish using.

"Only ma knows more about it than I do," Pruitt said. "Come up to the gallery."

We followed him to the gallery, where a plump, whitehaired old lady in a clean gingham sunbonnet and dress and a clean white apron sat in a low rocking chair, shelling field peas into a wooden bowl." This is Lawyer Stevens," Pruit said. "Captain Stevens' son, from town. He wants to know about Jackson Fentry."

So we sat, too, while they told it, the son and the mother talking in rotation.

"That place of theirs," Pruitt said. "You seen some of it from the road. And what you didn't see don't look no better. But his pa and his grandpa worked it, made a living for themselves and raised families and paid their taxes and owed no man. I don't know how they done it, but they did. And Jackson was helping from the time he got big enough to reach up to the plow handles. He never
18 got much bigger than that neither. None of them
19 ever did. I reckon that was why. And Jackson

«Komm!» sagte Onkel Gavin ruhig. Seine Augen waren noch immer wach, lebhaft, aufmerksam und ernst. Wir fuhren jetzt nicht schnell. Bis zum nächsten Briefkasten war es keine Meile, und diesmal war das Haus sogar angestrichen, und neben den Stufen waren Petunienbeete, und der Boden ringsum war besser, und diesmal erhob sich auf der Veranda ein Mann und kam ans Tor herunter.

«Tag, Mr. Stevens», sagte er. «Ihr Schwurgericht ist also an Jackson Fentry hängengeblieben?»

«Tag, Mr. Pruitt», grüßte Onkel Gavin. «Ja, es hat den Anschein. Erzählen Sie!»

Pruitt erzählte, was er wußte, obwohl sich Onkel Gavin damals noch hin und wieder vergaß und mit seiner Sprechweise nach Harvard und sogar Heidelberg zurückrutschte. Doch es war, als blickten die Leute in sein Gesicht und wüßten gleich, daß er seine Fragen nicht aus Neugier oder Selbstsucht stellte.

«Nur Ma weiß noch mehr darüber als ich», sagte Pruitt. «Kommen Sie auf die Veranda!»

Wir folgten ihm auf die Veranda, wo eine rundliche, weißhaarige alte Dame mit Sonnenhaube und Kleid aus sauberem Gingham und mit sauberer weißer Schürze in einem niedrigen Schaukelstuhl saß und Erbsen in eine Holzschüssel palte. «Das ist Anwalt Stevens», sagte Pruitt. «Hauptmann Stevens' Sohn aus der Stadt. Er möchte gern etwas über Jackson Fentry wissen.»

Wir saßen also auf der Veranda, während sie es uns erzählten – Sohn und Mutter abwechselnd.

«Denen ihr Anwesen», sagte Pruitt, «das haben Sie ja von der Straße aus gesehen. Was Sie nicht gesehen haben, ist auch nicht schöner. Aber sein Pa und sein Opa haben ihr Land bestellt, haben ihren Lebensunterhalt davon gehabt und Familien großgezogen und Steuern bezahlt und sind niemandem was schuldig geblieben. Ich weiß nicht, wie sie es geschafft haben, aber geschafft haben sie's. Jackson hat mitgeholfen, kaum daß er so groß war, daß er zu den Pfluggriffen rauflangen konnte. Viel größer ist er sowieso nicht geworden. Keiner von ihnen. Darum ist es ja wohl so gekommen.

worked it, too, in his time, until he was about twentyfive and already looking forty asking no odds of nobody, not married and not nothing, him and his pa living alone and doing their own washing and cooking, because how can a man afford to marry when him and his pa have just one pair of shoes between them. If it had been worth while getting a wife a-tall, since that place had already killed his ma and his grandma both before they were forty years old. Until one night —"

"Nonsense," Mrs. Pruitt said. "When your pa and me married, we didn't even own a roof over our heads. We moved into a rented house, on rented land —"

"All right," Pruitt said. "Until one night he come to me and said how he had got him a sawmilling job down at Frenchman's Bend."

"Frenchman's Bend?" Uncle Gavin said, and now his eyes were much brighter and quicker than just intent. "Yes," he said.

"A day-wage job," Pruitt said. "Not to get rich; just to earn a little extra money maybe, risking a year or two to earn a little extra money, against the life his grandpa led until he died between the plow handles one day, and that his pa would lead until he died in a corn furrow, and then it would be his turn, and not even no son to come and pick him up out of the dirt. And that he had traded with a nigger to help his pa work their place while he was gone, and would I kind of go up there now and then and see that his pa was all right."

"Which you did," Mrs. Pruitt said.

"I went close enough," Pruitt said. "I would get close enough to the field to hear him cussing at the nigger for not moving fast enough and to watch the nigger trying to keep up with him, and to think what a good thing it was Jackson hadn't got two niggers to work the place while he was gone, be-

Auch Jackson hat den Boden bestellt, bis er fünfundzwanzig war und schon wie vierzig aussah; hat keinen um was gebeten, war nicht verheiratet, rein gar nichts, und er und sein Pa lebten ganz allein und haben selber gewaschen und gekocht; wie könnte es sich einer leisten zu heiraten, wenn er und sein Vater zusammen ein einziges Paar Stiefel haben. Falls es sich überhaupt gelohnt hätte, eine Frau zu nehmen, wo doch das Anwesen schon seine Ma und seine Oma umgebracht hat, beide noch eh sie vierzig waren. Bis er eines Abends . . .»

«Unsinn!» sagte Mrs. Pruitt. «Als dein Pa und ich heirateten, haben wir nicht mal ein Dach überm Kopf gehabt. Wir zogen in ein Pächterhaus, auf gepachtetes Land.»

«Ja, gut», sagte Pruitt. «Bis er dann eines Abends zu mir kam und sagte, er habe einen Posten bei der Sägemühle unten im Franzosenwinkel.»

«Im Franzosenwinkel?» sagte Onkel Gavin, und jetzt waren seine Augen viel wacher und lebhafter und nicht bloß aufmerksam. «Aha», sagte er.

«Im Tagelohn», sagte Pruitt. «Nicht, daß er da davon reich werden konnte – bloß, um ein bißchen Geld dazu zu verdienen, ein Jahr oder zwei wollte er drangeben, um ein bißchen Geld dazu zu verdienen, vorbauen gegen ein Leben, wie es sein Opa geführt hatte, bis er eines Tages zwischen den Pfluggriffen starb, ein Leben, wie es auch sein Pa führte, bis er in einer Ackerfurche sterben würde, und dann käme er an die Reihe, und nicht mal ein Sohn da, der kommt und ihn aus dem Dreck aufhebt. Er sagte noch, daß er mit einem Nigger abgemacht hätte, er soll seinem Pa auf dem Hof helfen, solange er weg wäre, und ob ich bitte manchmal rüberginge und nachsähe, ob es seinem Pa gut geht.»

«Hast du auch getan», sagte Mrs. Pruitt.

«Ich bin dicht genug rangegangen», sagte Pruitt. «War nah genug am Feld und hab gehört, wie er den Nigger schimpfte, daß er nicht schnell genug arbeitet, und hab den Nigger beobachtet, wie der versuchte, mit ihm Schritt zu halten, und hab gedacht, ein Glück, daß Jackson nicht zwei Nigger besorgt hat, die auf dem Hof arbeiten sollen, solange

cause if that old man – and he was close to sixty then – had had to spend one full day sitting in a chair in the shade with nothing in his hands to chop or hoe with, he would have died before sundown. So Jackson left. He walked. They didn't have but one mule. They ain't never had but one mule. But it ain't but about thirty miles. He was gone about two and a half years. Then one day ––"

"He come home that first Christmas," Mrs. Pruitt said.

"That's right," Pruitt said. "He walked them thirty miles home and spent Christmas Day, and walked them other thirty miles back to the sawmill."

"Whose sawmill?" Uncle Gavin said.

"Quick's," Pruitt said. "Old Man Ben Quick's. It was the second Christmas he never come home. Then, about the beginning of March, about when the river bottom at Frenchman's Bend would be starting to dry out to where you could skid logs through it and you would have thought he would be settled down good to his third year of sawmilling, he come home to stay. He didn't walk this time. He come in a hired buggy. Because he had the goat and the baby."

"Wait," Uncle Gavin said.

"We never knew how he got home," Mrs. Pruitt said. "Because he had been home over a week before we even found out he had the baby."

"Wait," Uncle Gavin said.

They waited, looking at him, Pruitt sitting on the gallery railing and Mrs. Pruitt's fingers still shelling the peas out of the long brittle hulls, looking at Uncle Gavin. His eyes were not exultant now any more than they had been baffled or even very speculative before; they had just got brighter, as if whatever it was behind them had flared up, steady and fierce, yet still quiet, as if it were going faster than the telling was going.

er weg ist, denn wenn der alte Mann – er war damals fast sechzig – den ganzen Tag hätte im Stuhl zubringen müssen, im Schatten sitzend und nichts in der Hand zum hacken oder häufeln, dann wär er vor Sonnenuntergang gestorben. Jackson ging also weg. Zu Fuß. Sie hatten bloß ein einziges Maultier. Haben nie mehr als bloß ein Maultier gehabt. Aber es sind ja nur so dreißig Meilen. Er ist an die zweieinhalb Jahr weggeblieben. Und eines Tages ...»

«Das erste Weihnachten ist er heimgekommen ...», sagte Mrs. Pruitt.

«Stimmt», sagte Pruitt. «Er ist die dreißig Meilen nach Haus gegangen und den Weihnachtstag dageblieben und dann die dreißig Meilen zur Sägemühle zurückgelaufen.»

«Wessen Sägemühle?» fragte Onkel Gavin.

«Quicks», antwortete Pruitt. «Dem alten Ben Quick seine. Beim zweiten Weihnachten kam er nicht heim. Und dann, so Anfang März, wenn im Franzosenwinkel das Flußbett allmählich so weit austrocknet, daß man die Stämme durchschleifen kann, und man dachte, jetzt hat er sich für ein drittes Jahr in der Sägemühle eingerichtet, da kommt er nach Haus und bleibt zu Haus. Diesmal ist er nicht gelaufen. Kam in einem gemieteten Einspänner. Denn er hatte jetzt die Ziege und das Baby.»

«Halt!» sagte Onkel Gavin.

«Wir wissen nicht, wie er nach Haus gekommen ist», sagte Mrs. Pruitt. «Er war nämlich schon länger als eine Woche zu Hause, eh wir überhaupt merkten, daß er das Baby hat.»

«Warten Sie!» sagte Onkel Gavin.

Sie warteten und sahen ihn an; Pruitt saß auf dem Verandageländer, und Mrs. Pruitts Finger palten noch immer Erbsen aus den langen, spröden Schoten. Sie sah Onkel Gavin an. Dessen Augen waren jetzt nicht voller Triumph, so wenig wie sie vorher verwirrt oder besonders nachdenklich gewesen waren; sie leuchteten einfach lebhafter, als ob das, was hinter ihnen stecken mochte, aufloderte, stark und heftig und doch noch gelassen – als ob es schneller voranmachte als die Erzählung.

"Yes," he said. "Tell me."

"And when I finally heard about it and went up there," Mrs. Pruitt said, "that baby wasn't two weeks old. And how he had kept it alive, and just on goat's milk —

"I don't know if you know it," Pruitt said. "A goat ain't like a cow. You milk a goat every two hours or so. That means all night too."

"Yes," Mrs. Pruitt said. "He didn't even have diaper cloths. He had some split floursacks the midwife had showed him how to put on. So I made some cloths and I would go up there; he had kept the nigger on to help his pa in the field and he was doing the cooking and washing and nursing that baby, milking the goat to feed it; and I would say, 'Let me take it. At least until he can be weaned. You come stay at my house, too, if you want,' and him just looking at me – little, thin, already wore-out something that never in his whole life had ever set down to a table and et all he could hold – saying, 'I thank you, ma'am. I can make out.'"

"Which was correct," Pruitt said. "I don't know how he was at sawmilling, and he never had no farm to find out what kind of a farmer he was. But he raised that boy."

"Yes," Mrs. Pruitt said. "And I kept on after him: 'We hadn't even heard you was married,' I said. 'Yessum,' he said. 'We was married last year. When the baby come, she died.' 'Who was she?' I said. 'Was she a Frenchman Bend girl?' 'No'm,' he said. 'She come from downstate.' 'What was her name?' I said. 'Miss Smith,' he said."

"He hadn't even had enough time off from hard work to learn how to lie either," Pruitt said. "But he raised that boy. After their crops were in in the fall, he let the nigger go, and next spring him and
24 the old man done the work like they use to. He had
25 made a kind of satchel, like they say Indians does,

«Ja», sagte er. «Weiter!»

«Als ich schließlich davon hörte und rüber ging», sagte Mrs. Pruitt, «da war das Baby noch keine zwei Wochen alt. Wie er es am Leben erhalten hat, bloß mit Ziegenmilch ...»

«Ich weiß nicht, ob Sie's wissen?» sagte Pruitt. «Eine Ziege ist nicht wie ne Kuh. Eine Ziege muß man alle zwei Stunden melken. Das heißt: auch die ganze Nacht.»

«Ja», sagte Mrs. Pruitt. «Er hatte nicht mal Windeln. Er hatte ein paar aufgetrennte Mehlsäcke, und die Hebamme hatte ihm gezeigt, wie man die anlegen muß. Also hab ich kleine Sachen genäht und bin rüber gegangen. Er hat den Nigger behalten, der seinem Pa auf dem Feld half, und er selber hat gekocht und gewaschen und das Baby gepflegt und die Ziege gemolken, um das Baby zu füttern. Ich hab zu ihm gesagt: ‹Geben Sie's mir! Wenigstens, bis es entwöhnt ist! Sie können so lange in mein Haus ziehen, wenn Sie wollen.› Er schaut mich bloß an – klein und mager, abgearbeitet, einer, der sich in seinem Leben noch nie an einen Tisch gesetzt und so viel gegessen hat, bis er nicht mehr kann – und sagt: ‹Besten Dank, Ma'am! Ich komm schon zurecht.›»

«Und das stimmte!» sagte Pruitt. «Ich weiß nicht, wie er in der Sägemühle war, und er hatte auch nie so eine Farm, daß man hätte sagen können, was für ein Farmer er war – aber den Jungen, den hat er großgezogen!»

«Ja», sagte Mrs. Pruitt, «und ich hab ihn weiter ausgefragt: ‹Wir wußten gar nicht, daß Sie geheiratet haben›, sagte ich. ‹Na ja, Ma'am›, sagte er, ‹voriges Jahr haben wir geheiratet. Als das Baby kam, ist sie gestorben.› – ‹Wer war sie?› fragte ich. ‹War sie aus dem Franzosenwinkel?› – ‹Nein, Ma'am›, sagte er. ‹Sie war von weiter südlich.› – ‹Wie hieß sie denn?› fragte ich. ‹Miss Smith›, sagte er.»

«Seine harte Arbeit hat ihm nicht mal die Zeit gelassen, das Lügen zu lernen», sagte Pruitt. «Doch den Jungen hat er großgezogen. Als sie im Herbst die Ernte eingebracht hatten, schickte er den Nigger weg, und im nächsten Frühjahr haben er und der alte Mann die Feldarbeit gemacht wie früher. Er hat eine Art Tasche gebastelt, wie sie angeblich die Indianer

to carry the boy in. I would go up there now and then while the ground was still cold and see Jackson and his pa plowing and chopping brush, and that satchel hanging on a fence post and that boy asleep bolt upright in it like it was a feather bed. He learned to walk that spring, and I would stand there at a fence and watch that durn little critter out there in the middle of the furrow, trying his best to keep up with Jackson, until Jackson would stop the plow at the turn row and go back and get him and set him straddle of his neck and take up the plow and go on. In the late summer he could walk pretty good. Jackson made him a little hoe out of a stick and a scrap of shingle, and you could see Jackson chopping in the middle-thigh cotton, but you couldn't see the boy at all; you could just see the cotton shaking where he was."

"Jackson made his clothes," Mrs. Pruitt said. "Stitched them himself, by hand. I made a few garments and took them up there. I never done it but once though. He took them and he thanked me. But you could see it. It was like he even begrudged the earth itself for what that child had do eat to keep alive. And I tried to persuade Jackson to take him to church, have him baptized. 'He's already named,' he said. 'His name is Jackson and Longstreet Fentry. Pa fit under both of them.'"

"He never went nowhere," Pruitt said. "Because where you saw Jackson, you saw that boy. If he had had to steal that boy down there at Frenchman's Bend, he couldn't 'a' hid no closer. It was even the old man that would ride over to Haven Hill store to buy their supplies, and the only time Jackson and that boy was separated as much as one full breath was once a year when Jackson would ride in to Jefferson to pay their taxes, and when I first seen the boy I thought of a setter puppy, until one day I knowed Jackson had gone to pay their taxes and

haben, um den Jungen da drin zu tragen. Ich bin hin und wieder mal rübergegangen, solange der Boden noch kalt war, und hab gesehen, wie Jackson und sein Pa gepflügt und Gestrüpp gerodet haben, und die Tasche hing an einem Zaunposten, und der Junge schlief da so kerzengerade drin, als wär's ein Federbett. Damals im Frühling hat er laufen gelernt, und ich stand am Zaun und hab den verflixten kleinen Kerl mitten in einer Furche beobachtet, wie er sich Mühe gab, mit Jackson Schritt zu halten, bis Jackson am Ende der Furche den Pflug anhielt und umdrehte und zurückging, und da hat er ihn aufgehoben und sich huckepack auf den Rücken gesetzt und wieder weitergepflügt. Im Spätsommer konnte er schon ganz nett laufen. Jackson machte ihm aus einem Stock und einer Schindel eine kleine Hacke, und nun konnte man Jackson in der hüfthohen Baumwollreihe arbeiten sehn, aber den Jungen konnte man gar nicht sehn; man sah bloß, daß sich da, wo er war, die Baumwolle bewegte.»

«Jackson hat ihm Kleider gemacht», sagte Mrs. Pruitt. «Er hat sie selber genäht, mit der Hand. Ich hab ein paar Sachen genäht und ihm rüber gebracht – aber nur einmal und nie wieder. Er hat sie genommen und sich bedankt. Aber man konnte es merken: es war, als ob er nicht einmal der Erde gönnte, daß sie dem Kind zu essen gab, damit es am Leben blieb. Und ich wollte Jackson überreden, den Jungen in die Kirche zu bringen und taufen zu lassen. ‹Er hat schon einen Namen›, sagte er. ‹ Er heißt Jackson und Longstreet Fentry. Alles beides sind Pas Namen!›»

«Er ist nie wohin gegangen», sagte Pruitt. «Aber wo man Jackson sah, da sah man auch den Jungen. Wenn er den Jungen im Franzosenwinkel gestohlen hätte, er hätt'n nicht besser verwahren können. Nach Haven Hill rüber reiten und Vorräte kaufen mußte der Alte, und das einzige Mal im Jahr, wo Jackson und der Junge einen Atemzug lang getrennt waren, das war, wenn Jackson nach Jefferson reiten mußte, um die Steuern zu bezahlen. Als ich den Jungen mal zu Gesicht bekam, mußte ich an einen jungen Jagdhund denken; als ich eines Tages merkte, Jackson ist fort, Steuern zahlen, da bin ich rüber, und der Junge lag unterm Bett und rührte

I went up there and the boy was under the bed, not making any fuss, just backed up into the corner, looking out at me. He didn't blink once. He was exactly like a fox or a wolf cub somebody had caught just last night."

We watched him take from his pocket a tin of snuff and tilt a measure of it into the lid and then into his lower lip, tapping the final grain from the lid with delicate deliberation.

"All right," Uncle Gavin said. "Then what?"

"That's all," Pruitt said. "In the next summer him and the boy disappeared."

"Disappeared?" Uncle Gavin said.

"That's right. They were just gone one morning. I didn't know when. And one day I couldn't stand it no longer, I went up there and the house was empty, and I went on to the field where the old man was plowing, and at first I thought the spreader between his plow handles had broke and he had tied a sapling across the handles, until he seen me and snatched the sapling off, and it was that shotgun, and I reckon what he said to me was about what he said to you this morning when you stopped there. Next year he had the nigger helping him again. Then, about five years later, Jackson come back. I don't know when. He was just there one morning. And the nigger was gone again, and him and his paw worked the place like they use to. And one day I couldn't stand it no longer, I went up there and I stood at the fence where he was plowing, until after a while the land he was breaking brought him up to the fence, and still he hadn't never looked at me; he plowed right by me, not ten feet away, still without looking at me, and he turned and come back, and I said, 'Did he die, Jackson?' and then he looked at me. 'The boy,' I said. And he said, 'What boy?'"

They invited us to stay for dinner.

sich nicht, lag bloß ganz hinten in der Ecke und sieht mich an. Er hat nicht mit der Wimper gezuckt. Er war genau wie ein Junges von nem Fuchs oder Wolf, das jemand gerade am Abend vorher gefangen hat.»

Wir sahen Pruitt zu, wie er aus seiner Jackentasche eine Dose mit Tabak holte und eine Portion in den Deckel schüttete und dann hinter seine Unterlippe steckte und das letzte Krümchen Tabak vorsichtig und behutsam vom Deckel klopfte.

«Schön», sagte Onkel Gavin. «Und dann?»

«Das ist alles», sagte Pruitt. «Im nächsten Sommer war er mitsamt dem Jungen verschwunden.»

«Verschwunden?» fragte Onkel Gavin.

«Ja, verschwunden. Eines Morgens waren sie einfach weg. Wann, das weiß ich auch nicht. Und eines Tages konnt ich's nicht länger aushalten und bin rüber, und das Haus war leer, und da ging ich weiter, aufs Feld, wo der Alte beim Pflügen war, und zuerst hab ich gedacht, die Sprosse zwischen den Pfluggriffen wär ihm zerbrochen und er hätt ein Stämmchen quer drüber gebunden, aber da sah er mich und riß das Stämmchen hoch, und da war's das Gewehr. Wahrscheinlich hat er zu mir das gleiche gesagt wie vorhin zu Ihnen, als Sie durch sein Tor gingen.

Im nächsten Jahr hat ihm dann wieder der Nigger geholfen. Und etwa fünf Jahre drauf war Jackson wieder da. Ich weiß nicht, wann. Eines Morgens war er da. Der Nigger ging wieder weg, und er und sein Pa bestellten den Hof wie früher. Eines Tages konnt ich's nicht länger aushalten und bin rüber und stell mich an den Zaun, wo er pflügte, bis ihn die Furche, die er umbrach, zu mir brachte, an den Zaun heran; er hatte immer noch nicht zu mir hergeschaut und pflügte einfach so an mir vorbei, keine drei Meter weg, und schaute mich immer noch nicht an, und dann wendete er und kam zurück, und ich fragte ihn: ‹Ist er gestorben, Jackson?›, und da sah er mich an. ‹Der Junge›, sagte ich. Und er sagte: ‹Was für ein Junge?›»

Sie luden uns ein, zum Essen zu bleiben.

Uncle Gavin thanked them. "We brought a snack with us," he said. "And it's thirty miles to Varner's store, and twenty-two from there to Jefferson. And our roads ain't quite used to automobiles yet."

So it was just sundown when we drove up to Varner's store in Frenchman's Bend Village; again a man rose from the deserted gallery and came down the steps to the car.

It was Isham Quick, the witness who had first reached Thorpe's body – a tall, gangling man in the middle forties, with a dreamy kind of face and near-sighted eyes, until you saw there was something shrewd behind them, even a little quizzical.

"I been waiting for you," he said. "Looks like you made a water haul." He blinked at Uncle Gavin. "That Fentry."

"Yes," Uncle Gavin said. "Why didn't you tell me?"

"I didn't recognize it myself," Quick said. "It wasn't until heard your jury was hung, and by one man, that I associated them names."

"Names?" Uncle Gavin said. "What na —— Never mind. Just tell it."

So we sat on the gallery of the locked and deserted store while the cicadas shrilled and rattled in the trees and the lightning bugs blinked and drifted above the dusty road, and Quick told it, sprawled on the bench beyond Uncle Gavin, loose-jointed, like he would come all to pieces the first time he moved, talking in a lazy sardonic voice, like he had all night to tell it in and it would take all night to tell it. But it wasn't that long. It was long enough for what was in it. But Uncle Gavin says it don't take many words to tell the sum of any human experience; that somebody has already
30 done it in eight: He was born, he suffered and he
31 died.

Onkel Gavin dankte. «Wir haben ein bißchen zu essen dabei», sagte er. «Und bis zu Varners Laden sind es dreißig Meilen, und von dort noch zweiundzwanzig bis nach Jefferson. Und unsre Straßen haben sich noch nicht so recht an Autos gewöhnt.»

Es war also gerade um Sonnenuntergang, als wir vor Varners Laden im Dorf Franzosenwinkel vorfuhren; wieder erhob sich auf der verlassenen Veranda ein Mann und kam die Stufen herunter an den Wagen.

Es war Isham Quick, der Zeuge, der als erster Thorpes Leiche gesehen hatte – ein großer, schlaksiger Mann Mitte Vierzig, mit einem etwas verträumten Gesicht und kurzsichtigen Augen, bis man merkte, daß etwas Verschmitztes dahintersteckte, sogar ein bißchen was Spöttisches.

«Ich hab auf Sie gewartet», sagte er. «Es sieht so aus, als hätten Sie einen Fischzug getan.» Er blinzelte Onkel Gavin an. «Mit dem Fentry!»

«Ja», sagte Onkel Gavin. «Warum haben Sie mir's nicht gesagt?»

«Ich hab es selber nicht begriffen», sagte Quick. «Erst als ich hörte, daß Ihre Geschworenen hängengeblieben sind, wegen dem einen, brachte ich die Namen in Zusammenhang.»

«Die Namen?» rief Onkel Gavin. «Was für Na... Einerlei! Erzählen Sie erst!»

Wir setzten uns also auf die Veranda vor dem zugesperrten und verlassenen Laden, während die Zikaden in den Bäumen schrillten und quarrten und die Glühwürmchen flimmerten und über die staubige Landstraße flogen, und Quick erzählte, auf der Bank hinter Onkel Gavin so lässig hingeräkelt, als müßten ihm alle Glieder vom Leibe fallen, sobald er sich rührte, erzählte mit träger, spöttischer Stimme, als hätte er den ganzen Abend für die Geschichte zur Verfügung und als wäre der ganze Abend nötig, sie zu erzählen. Aber so lang war sie dann gar nicht. Sie war lang genug für das, was dahintersteckte. Onkel Gavin sagt immer, man brauche, um die Summe eines Menschenlebens auszudrücken, nicht viele Worte; jemand habe es schon mal in acht Worten ausgedrückt: er wurde geboren, er litt und er starb.

"It was pap that hired him. But when I found out where he had come from, I knowed he would work, because folks in that country hadn't never had time to learn nothing but hard work. And I knowed he would be honest for the same reason: that there wasn't nothing in his country a man could want bad enough to learn how to steal it. What I seem to have underestimated was his capacity for love. I reckon I figured that, coming from where he come from, he never had none a-tall, and for that same previous reason — that even the comprehension of love had done been lost out of him back down the generations where the first one of them had had to take his final choice between the pursuit of love and the pursuit of keeping on breathing.

"So he come to work, doing the same work and drawing the same pay as the niggers done. Until in the late fall, when the bottom got wet and we got ready to shut down for the winter, I found out he had made a trade with pap to stay on until spring as watchman and caretaker, with three days out to go home Christmas. And he did, and the next year when we started up, he had done learned so much about it and he stuck to it so, that by middle of summer he was running the whole mill hisself, and by the end of summer pap never went out there no more a-tall and I just went when I felt like it, maybe once a week or so; and by fall pap was even talking about building him a shack to live in in place of that shuck mattress and a old broke-down cookstove in the boiler shed. And he stayed through that winter too. When he went home that Christmas we never even knowed it, when he went or when he come back, because even I hadn't been out there since fall.

"Then one afternoon in February – there had
32 been a mild spell and I reckon I was restless – I
33 rode out there. The first thing I seen was her, and

«Es war Pap, der ihn angestellt hatte. Aber als ich erfuhr, wo er herstammt, da wußte ich, daß er arbeiten kann, denn die Leute von da oben haben nie Zeit gehabt, was anderes als hart arbeiten zu lernen. Und ich wußte auch, daß er ehrlich sein würde, aus dem gleichen Grund: In seinem Land gab es nichts, was ein noch so böser Kerl stehlen zu lernen wünschen könnte. Was ich wohl nicht richtig eingeschätzt hab, das war sein Liebebedürfnis. Vielleicht hab ich mir gedacht, wenn einer von dort kommt, wo er herkommt, dann hat er nie ein Liebebedürfnis gehabt, wieder aus dem gleichen Grund: daß der Sinn für die Liebe ihm ganz abhanden gekommen ist, schon seit Generationen, als der erste von ihnen sich entscheiden mußte zwischen der Jagd nach Liebe und dem Kampf ums nackte Dasein.

Er kam also, um bei uns zu arbeiten; er tat die gleiche Arbeit und erhielt den gleichen Lohn wie die Nigger. Bis ich dann im Spätherbst, als die Flußniederung feucht wurde und wir für den Winter die Arbeit einstellen wollten, von Pap hörte, daß er mit ihm abgemacht hatte, er sollte bis zum Frühjahr als Nachtwächter und Aufseher bleiben, ausgenommen drei Tage über Weihnachten, wenn er nach Haus gehen wollte. Das tat er auch, und als wir im nächsten Jahr wieder anfingen, hatte er inzwischen so viel gelernt und sich so eingesetzt, daß er im Hochsommer die ganze Sägemühle allein in Gang halten konnte; gegen das Ende vom Sommer ging Pap überhaupt nie mehr raus, und ich ging nur manchmal hin, wenn ich gerade Lust hatte, vielleicht einmal die Woche oder so; und im Herbst sprach Pap schon davon, ihm eine Hütte zu bauen, in der er wohnen könnte, statt wie bisher im Boiler-Schuppen mit der Maisstrohmatratze und dem alten klapprigen Kochofen. Er blieb auch noch über Winter. Wann er Weihnachten nach Haus ging, das wußten wir nicht, weder wann er ging, noch wann er zurückkam, weil nämlich seit dem Herbst auch ich nicht mehr draußen gewesen war.

An einem Nachmittag im Februar dann – das Wetter war gerade milde, und ich war wohl unruhig – bin ich raus geritten. Das erste, was ich sehe, war sie, und es war auch

it was the first time I had ever done that – a woman, young and maybe when she was in her normal health she might have been pretty, too; I don't know. Because she wasn't just thin, she was gaunted. She was sick, more than just starved-looking, even if she was still on her feet, and it wasn't just because she was going to have that baby in a considerable less than another month. And I says, 'Who is that?' and he looked at me and says, 'That's my wife,' and I says, 'Since when? You never had no wife last fall. And that child ain't a month off.' And he says, 'Do you want us to leave?' and I says, 'What do I want you to leave for?' I'm going to tell this from what I know now, what I found out after them two brothers showed up here three years later with their court paper, not from what he never told me, because he never told nobody nothing."

"All right," Uncle Gavin said. "Tell."

"I don't know where he found her. I don't know if he found her somewhere, or if she just walked into the mill one day or one night and he looked up and seen her, and it was like the fellow says – nobody knows where or when love or lightning either is going to strike, except that it ain't going to strike there twice, because it don't have to. And I don't believe she was hunting for the husband that had deserted her – likely he cut and run soon as she told him about the baby – and I don't believe she was scared or ashamed to go back home just because her brothers and father had tried to keep her from marrying the husband, in the first place. I believe it was just some more of that same kind of black-complected and not extra-intelligent and pretty durn ruthless blood pride that them brothers themselves was waving around here for about a
34 hour that day.

35 "Anyway, there she was, and I reckon she

das erste Mal, daß ich sie sah: eine Frau, jung, vielleicht sogar hübsch, wenn sie richtig gesund gewesen wäre – ich weiß nicht recht. Sie war nämlich nicht bloß mager, sie war abgezehrt. Sie war krank, schlimmer als bloß ausgemergelt, auch wenn sie sich noch auf den Füßen halten konnte, und es war auch nicht bloß deshalb, weil sie ein Baby bekommen würde, und zwar schon bald, längst keinen Monat mehr.

Und ich frag ihn: ‹Wer is'n das?› Er sieht mich an und sagt: ‹Meine Frau.› Und ich frag ihn: ‹Seit wann? Im Herbst hatten Sie noch keine Frau, und mit dem Kind, das dauert keinen Monat mehr!› Und er fragt: ‹Möchten Sie, daß wir gehn?›, und ich sag: ‹Warum sollt ich das wollen?› Was ich Ihnen jetzt erzähle, das hab ich herausgebracht, als diese zwei Brüder drei Jahre später mit ihrem Gerichtsbeschluß hier aufgetaucht sind – nicht aus dem, was er mir erzählt hat, denn der hat nie einem Menschen was erzählt.»

«Schön», sagte Onkel Gavin. «Erzählen Sie!»

«Ich weiß nicht, wo er sie gefunden hat. Ich weiß nicht, ob er sie irgendwo gefunden hat oder ob sie nur mal morgens oder abends in die Sägemühle kam; und er schaute hoch und sah sie, und es ging ihm, wie der Kerl so schön sagt: Keiner weiß, wann oder wo die Liebe oder der Blitz ihn trifft, sondern nur, daß es kein zweites Mal einschlägt, denn das ist nicht mehr nötig. Ich glaube nicht, daß sie dem Mann nachgelaufen ist, der sie im Stich gelassen hat – wahrscheinlich ist er auf und davon, sowie sie ihm von dem Baby erzählt hat –, und ich glaub auch nicht, daß sie sich gefürchtet oder geschämt hat heimzugehn, bloß weil ihre Brüder und ihr Vater anfangs versucht hatten, sie davon abzuhalten, den Mann zu heiraten.

Ich glaube, es war einfach die gleiche Art von dunkelhäutigem und nicht supergescheitem und hübsch reichlich erbarmungslosem Familienstolz, mit dem auch die beiden Brüder damals eine Stunde lang hier herumgewedelt haben.

Jedenfalls war sie da, und ich stell mir vor, sie wußte, daß

knowed her time was going to be short, and him saying to her, 'Let's get married,' and her saying, 'I can't marry you. I've already got a husband.' And her time come and she was down then, on that shuck mattress, and him feeding her with a spoon, likely, and I reckon she knowed she wouldn't get up from it, and he got the midwife, and the baby was born, and likely her and the midwife both knowed by then she would never get up from that mattress and maybe they even convinced him at last, or maybe she knowed it wouldn't make no difference nohow and said yes, and he taken the mule pap let him keep at the mill and rid seven miles to Preacher Whitfield's and brung Whitfield back about daylight, and Whitfield married them and she died, and him and Whitfield buried her. And that night he come to the house and told pap he was quitting, and left the mule, and I went out to the mill a few days later and he was gone – just the shuck mattress and the stove, and the dishes and skillet mammy let him have, all washed and clean and set on the shelf. And in the third summer from then, them two brothers, them Thorpes ——"

"Thorpes," Uncle Gavin said. It wasn't loud. It was getting dark fast now, as it does in our country, and I couldn't see his face at all any more. "Tell," he said.

"Black-complected like she was – the youngest one looked a heap like her – coming up in the surrey, with the deputy or bailiff or whatever he was, and the paper all wrote out and stamped and sealed all regular, and I says, 'You can't do this. She come here of her own accord, sick and with nothing, and he taken her in and fed her and nursed her and got help to born that child and a preacher to bury her; and they was even married before she died. The preacher and the midwife both will prove it.' And the oldest brother says,

sie es nicht mehr lange machen würde, und er sagt zu ihr: ‹Laß uns heiraten!›, und sie antwortet: ‹Ich kann dich nicht heiraten, ich hab schon einen Mann!› Und dann war ihre Stunde da, und sie auf der Maisstrohmatratze, und er füttert sie wohl mit'm Löffel, und ich stell mir vor, sie wußte, daß sie von da nicht mehr aufstehen würde, und er holte die Hebamme, und das Kind wurde geboren, und wahrscheinlich wußten sie und die Hebamme schon, daß sie von der Matratze nie wieder aufstehen würde, und vielleicht haben sie es sogar ihm schließlich klargemacht, oder vielleicht wußte sie, daß es darauf gar nicht mehr ankam, und sagte ja, und er nahm das Maultier, das Pap ihm für die Mühle dagelassen hatte, und ritt die sieben Meilen zum Prediger Whitfield, und gegen Tagesanbruch brachte er den Prediger mit zurück, und Whitfield hat sie getraut, und sie ist gestorben, und er und Whitfield haben sie begraben. An dem Abend kam er dann ins Haus zu Pap und sagte, er gebe die Stelle auf, und ließ das Maultier da, und ein paar Tage danach bin ich zur Mühle raus, und er war fort – bloß die Maisstrohmatratze und der Kochofen waren da, und das Geschirr und der Kochtopf von Mammi, alles abgewaschen und sauber und ordentlich aufs Bord gestellt. Und im dritten Sommer danach, da kamen die beiden Brüder, die Thorpes ...»

«Thorpes ...» sagte Onkel Gavin. Nicht laut. Es wurde jetzt rasch dunkel, wie es in unserm Land so geht, und ich konnte gar nichts mehr von seinem Gesicht erkennen. «Erzählen Sie!» sagte er.

«Dunkelhäutig wie sie – der Jüngere sah ihr mächtig ähnlich –, so kamen sie in ihrem Wagen an, einen Amtsboten oder Gerichtsdiener oder sowas dabei, und das Dokument ordentlich schön geschrieben und gestempelt und gesiegelt, und ich sag: ‹Das können Sie doch nicht machen! Sie ist aus freien Stücken hergekommen, krank und ohne alles, und er nimmt sie auf und ernährt sie und pflegt sie und holt Hilfe, das Kind auf die Welt zu bringen, und holt einen Prediger, sie zu begraben, und sie wurden sogar noch getraut, eh sie starb. Der Prediger und die Hebamme können's beide bezeugen.› Da sagt der ältere Bruder: ‹Er konnte sie nicht heira-

'He couldn't marry her. She already had a husband. We done already attended to him,' And I says, 'All right. He taken that boy when nobody come to claim him. He has raised that boy and clothed and fed him for two years and better.' And the oldest one drawed a money purse half outen his pocket and let it drop back again. 'We aim to do right about that, too – when we have seen the boy,' he says. 'He is our kin. We want him and we aim to have him.' And that wasn't the first time it ever occurred to me that this world ain't run like it ought to be run a heap more times than what it is, and I says, 'It's thirty miles up there. I reckon you all will want to lay over here tonight and rest your horses.' And the oldest one looked at me and says, 'The team ain't tired. We won't stop.' 'Then I'm going with you,' I says. 'You are welcome to come,' he says.

"We drove until midnight. So I thought I would have a chance then, even if I never had nothing to ride. But when we unhitched and laid down on the ground, the oldest brother never laid down. 'I ain't sleepy,' he says. 'I'll set up a while.' So it wasn't no use, and I went to sleep and then the sun was up and it was too late then, and about middle morning we come to that mailbox with the name on it you couldn't miss, and the empty house with nobody in sight or hearing neither, until we heard the ax and went around to the back, and he looked up from the woodpile and seen what I reckon he had been expecting to see every time the sun rose for going on three years now. Because he never even stopped. He said to the little boy, 'Run. Run to the field to grandpap. Run,' and come straight at the oldest brother with the ax already raised and the down-stroke already started, until I man-
38 aged to catch it by the haft just as the oldest
39 brother grabbed him and we lifted him clean off

ten. Sie hatte schon einen Mann. Um den haben wir uns schon gekümmert.› Und ich sag: ‹Na schön, aber er hat den Jungen zu sich genommen, als keiner kam und ihn haben wollte. Er hat den Jungen aufgezogen und gekleidet und ernährt, über zwei Jahre lang!› Der Ältere zieht einen Geldbeutel halb aus der Hosentasche und läßt ihn wieder reinrutschen. ‹Wir haben vor, auch das in Ordnung zu bringen›, sagt er, ‹sowie wir den Jungen gesehen haben. Er ist von unserem Blut. Wir wollen ihn haben und werden ihn bekommen.›

Und nicht zum erstenmal in meinem Leben mußt ich denken, daß es in dieser Welt wer weiß wie oft anders zugeht, als es zugehen sollte, und ich sag zu ihnen: ‹Bis nach da oben sind's dreißig Meilen. Sie wollen doch sicher hier übernachten, damit Ihre Pferde sich ausruhen.› Der Ältere schaut mich an und sagt: ‹Das Gespann ist nicht müde. Wir wollen uns nicht aufhalten.› – ‹Dann komm ich mit›, sag ich. ‹Das können Sie gern›, sagt er.

Wir fuhren bis Mitternacht. Ich dachte, vielleicht ergibt sich da eine Gelegenheit, auch wenn ich selber nichts zum Fahren oder Reiten hätte. Aber als wir ausgespannt hatten und uns auf den Boden legten, wollte sich der ältere Bruder nicht hinlegen. ‹Ich bin nicht müde›, sagte er. ‹Ich bleib noch ein Weilchen auf.› Es hatte also keinen Zweck, und ich schlief ein, und dann war's zu spät, denn die Sonne stand schon am Himmel, und im Lauf des Vormittags kamen wir zu dem Briefkasten mit dem Namen, der nicht zu übersehen ist, und das Haus war leer, und niemand war zu sehen oder zu hören, bis wir die Axt hörten und rumgingen in den Hinterhof,

und da schaut er von seinem Holzstoß auf und sieht, was er wohl bald drei Jahr lang zu sehen erwartet hat, jeden Tag, den die Sonne aufging. Denn er überlegte gar nicht erst. Er sagte zu dem kleinen Jungen: ‹Lauf! Lauf zu Opa auf den Acker! Lauf!›, und geht gleich auf den älteren Bruder los, mit erhobener Axt, die schon niedersausen will, aber ich konnte sie noch eben am Stiel erwischen, während der ältere Bruder ihn packte und wir ihn dann beide hochho-

the ground, holding him, or trying to. 'Stop it, Jackson!' I says. 'Stop it! They got the law!'

"Then a puny something was kicking and clawing me about the legs; it was the little boy, not making a sound, just swarming around me and the brother both, hitting at us as high as he could reach with a piece of wood Fentry had been chopping. 'Catch him and take him on to the surrey,' the oldest one says. So the youngest one caught him; he was almost as hard to hold as Fentry, kicking and plunging even after the youngest one had picked him up, and still not making a sound, and Fentry jerking and lunging like two men until the youngest one and the boy was out of sight. Then he collapsed. It was like all his bones had turned to water, so that me and the oldest brother lowered him down to the chopping block like he never had no bones a-tall, laying back against the wood he had cut, panting, with a little froth of spit at each corner of his mouth. 'It's the law, Jackson,' I says. 'Her husband is still alive.'

"'I know it,' he says. It wasn't much more than whispering. 'I been expecting it. I reckon that's why it taken me so by surprise. I'm all right now.'"

"'I'm sorry for it,' the brother says. 'We never found out about none of it until last week. But he is our kin. We want him home. You done well by him. We thank you. His mother thanks you. Here,' he says. He taken the money purse outen his pocket and puts it into Fentry's hand. Then he turned and went away. After a while I heard the carriage turn and go back down the hill. Then I couldn't hear it any more. I don't know whether Fentry ever heard it or not.

"'It's the law, Jackson,' I says. 'But there's two sides to the law. We'll go to town and talk to Cap-
40 tain Stevens. I'll go with you.'
41 "Then he set up on the chopping block, setting

ben und festhielten oder es versuchten. ‹Gib nach, Jackson!› sag ich. ‹Gib nach! Sie sind im Recht!›

Da spür ich ein winziges Ding um meine Beine, das mich tritt und kratzt; es war der kleine Junge. Ohne einen Laut springt er um mich und den Bruder herum und schlägt, so hoch er nur reichen kann, mit einem Holzscheit auf uns ein, das Fentry gespalten hatte. ‹Fang ihn und bring ihn auf den Wagen!› sagt der Ältere. Der Jüngere fing ihn also; er war fast ebenso schwer festzuhalten wie Fentry und stieß und schlug noch um sich, nachdem der jüngere Bruder ihn schon aufgehoben hatte, und alles ohne einen Laut; und Fentry stößt und ringt für zwei, bis der jüngere Bruder und der Junge nicht mehr zu sehen sind.

Da brach er zusammen. Es war, als ob all seine Knochen zu Wasser geworden wären, und ich und der andere ließen ihn sachte neben dem Hauklotz zu Boden, als hätt er überhaupt keine Knochen im Leibe, und lehnt sich gegen das Holz, das er gespalten hat, und keucht und hat ein bißchen Spucke in jedem Mundwinkel. ‹Sie haben das Gesetz auf ihrer Seite, Jackson›, sag ich. ‹Ihr Mann lebt noch.›

‹Ich weiß›, sagt er. Es war nicht viel lauter als geflüstert. ‹Ich war darauf gefaßt. Darum hat's mich wohl so erschreckt. Jetzt geht's wieder.›

‹Es tut mir leid›, sagte der Bruder. ‹Aber wir haben es erst vorige Woche herausgebracht. Er ist von unserm Blut. Wir wollen ihn bei uns daheim haben. Sie haben gut an ihm gehandelt. Dafür danken wir Ihnen. Seine Mutter dankt es Ihnen. Hier!› sagt er. Er holt den Geldbeutel aus der Tasche und steckt ihn Fentry in die Hand. Dann drehte er sich um und ging weg. Nach einer Weile hörte ich den Wagen wenden und bergab fahren. Dann konnte ich ihn nicht mehr hören. Ich weiß gar nicht, ob Fentry ihn auch gehört hat.

‹Es ist das Gesetz, Jackson›, sag ich. ‹Aber jedes Gesetz hat zwei Seiten. Wir wollen in die Stadt gehn und mit Hauptmann Stevens sprechen! Ich geh mit dir!›

Da setzte er sich auf den Holzklotz, langsam und steif

up slow and stiff. He wasn't panting so hard now and he looked better now, except for his eyes, and they was mostly just dazed looking. Then he raised the hand that had the money purse in it and started to mop his face with the money purse, like it was a handkerchief; I don't believe he even knowed there was anything in his hand until then, because he taken his hand down and looked at the money purse for maybe five seconds, and then he tossed it – he didn't fling it; he just tossed it like you would a handful of dirt you had been examining to see what it would make – over behind the chopping block and got up and walked across the yard toward the woods, walking straight and not fast, and not looking much bigger than that little boy, and into the woods. 'Jackson,' I says. But he never looked back.

"And I stayed that night at Rufus Pruitt's and borrowed a mule from him; I said I was just looking around, because I didn't feel much like talking to nobody, and the next morning I hitched the mule at that gate and started up the path, and I didn't see old man Fentry on the gallery a-tall at first.

"When I did see him he was moving so fast I didn't even know what he had in his hands until it went 'boom!' and I heard the shot rattling in the leaves overhead and Rufus Pruitt's mule trying his durn best either to break the hitch rein or hang hisself from the gatepost.

"And one day about six months after he had located here to do the balance of his drinking and fighting and sleight-of-hand with other folks' cattle, Bucksnort was on the gallery here, drunk still and running his mouth, and about a half dozen of the ones he had beat unconscious from time to time by foul means and even by fair on occasion, as such emergencies arose, laughing every time he stopped to draw a fresh breath. And I happened to look

setzte er sich zurecht. Er keuchte jetzt nicht mehr so laut und sah besser aus, abgesehen von den Augen, die sahen vor allem verstört aus. Dann hob er die Hand, in der er den Geldbeutel hielt, und wischte sich mit dem Beutel übers Gesicht, als wär's ein Taschentuch; ich glaube, bis dahin war ihm gar nicht bewußt, daß er was in der Hand hielt, denn er ließ die Hand sinken und sah den Geldbeutel an, vielleicht fünf Sekunden lang, und dann warf er ihn weg – er hat ihn nicht fortgeschleudert, sondern bloß weggeworfen, wie man eine Handvoll Erde wegwirft, die man untersucht hat, wie sie beschaffen sein könnte – warf den Beutel hinter den Holzklotz und stand auf und ging über den Hof auf den Wald zu, ging gerade voran, nicht schnell, sah kaum größer aus als der kleine Junge, und ging in den Wald rein. ‹Jackson!› ruf ich. Aber er hat sich nicht umgedreht.

Ich blieb die Nacht bei Rufus Pruitt und borgte mir ein Maultier von ihm; ich sagte, ich hätt mich ein bißchen umgesehen, denn mir war nicht sehr danach zumute, mit irgendjemandem zu reden. Am nächsten Morgen hab ich das Maultier drüben ans Tor gebunden und wollte den Gartenweg raufgehn; den alten Fentry auf der Veranda hab ich erst gar nicht gesehen.

Als ich ihn dann sah, kam er so schnell heran, daß ich nicht mal merkte, was er in der Hand hat, bis es ‹Bäng!› machte und der Schuß über meinem Kopf in die Blätter prasselte und Rufus Pruitts Maultier sich gewaltig Mühe gab, die Zügel zu zerreißen oder sich am Torpfosten aufzuhängen.

Viel später dann, als sich einmal Buck Thorpe, ‹Bucksnort›, so etwa sechs Monate hier bei uns rumtrieb und in Trinken und Raufen und Tricks mit andrer Leute Vieh sein möglichstes tat, war er auch mal hier auf der Veranda, wie immer betrunken und groß daherredend; bei ihm war ein halbes Dutzend von denen, die er ab und zu mit unsauberen Kniffen aufs Kreuz legte, und gelegentlich auch mal mit sauberen, wenn es unbedingt sein mußte; die lachten jedesmal, wenn er mit Reden aufhörte, um Atem zu holen.

up, and Fentry was setting on his mule out there in the road.

"He was just sitting there, with the dust of them thirty miles caking into the mule's sweat, looking at Thorpe. I don' know how long he had been there, not saying nothing, just setting there and looking at Thorpe; then he turned the mule and rid back up the road toward them hills he hadn't ought to never have left. Except maybe it's like the fellow says, and there ain't nowhere you can hide from either lightning or love. And I didn't know why then. I hadn't associated them names. I knowed that Thorpe was familiar to me, but that other business had been twenty years ago and I had forgotten it until I heard about that hung jury of yourn. Of course hat wasn't going to vote Bookwright free. . . . It's dark. Let's go to supper."

But it was only twenty-two miles to town now, and we were on the highway now, the gravel; we would be home in an hour and a half, because sometimes we could make thirty and thirty-five miles an hour, and Uncle Gavin said that someday all the main roads in Mississippi would be paved like the streets in Memphis and every family in America would own a car. We were going fast now.

"Of course he wasn't," Uncle Gavin said. "The lowly and invincible of the earth – to endure and endure and then endure, tomorrow and tomorrow and tomorrow. Of course ha wasn't going to vote Bookwright free."

"I would have," I said. "I would have freed him. Because Buck Thorpe was bad. He ——"

"No, you wouldn't," Uncle Gavin said. He gripped my knee with one hand even though we were going fast, the yellow light beam level on the yellow road, the bugs swirling down into the light beam and ballooning away. "It wasn't Buck Thorpe, the adult, the man. He would have shot that man

Da schau ich zufällig hoch: draußen auf der Landstraße saß Fentry auf seinem Maultier.

Der Staub von den dreißig Meilen hatte sich mit dem Schweiß des Maultiers verkleistert; er saß einfach da und sah Thorpe an. Ich weiß nicht, wie lange er schon dort gewesen war, ohne ein Wort zu sagen; er saß bloß da und schaute Thorpe an; dann lenkte er das Maultier um und ritt den Weg zurück, in die Berge rauf, die er nie hätte verlassen sollen. Außer es ist vielleicht wirklich so, wie der Kerl gesagt hat, und es gibt nirgends einen Fleck, wo man sich vor der Liebe oder dem Blitz verstecken kann. Damals wußt ich nicht, warum. Ich hab die Namen nicht in Zusammenhang gebracht. Der Name Thorpe kam mir bekannt vor, aber die andere Geschichte hatte sich zwanzig Jahre davor abgespielt, und ich hatte ihn vergessen, bis ich gehört hab, daß Ihr Schwurgericht hängengeblieben ist. Natürlich konnte Fentry nicht dafür stimmen, daß Bookwright freigesprochen wurde... Es ist dunkel geworden. Wir wollen essen gehn!»

Doch bis zur Stadt waren es jetzt nur noch zweiundzwanzig Meilen, und wir waren nun auf der Überlandstraße, guter Kiesbelag; wir würden in anderthalb Stunden zu Hause sein, denn manchmal konnten wir dreißig und fünfunddreißig Meilen die Stunde fahren; Onkel Gavin sagte, eines Tages hätten alle Hauptlandstraßen in Mississippi so einen Belag wie die Straßen in Memphis, und jede Familie hätte ihr eigenes Auto. Wir fuhren jetzt schnell.

«Natürlich konnte er's nicht», sagte Onkel Gavin. «Die Geringen und Unüberwindlichen dieser Erde – sie harren, sie halten aus, sie überdauern heute und morgen und in Ewigkeit. Natürlich konnte er Bookwright nicht freisprechen.»

«Ich hätt's getan», sagte ich. «Ich hätt ihn freigesprochen! Denn Buck Thorpe war schlecht. Er...»

«Nein, du hättest es nicht getan», sagte Onkel Gavin. Er packte mich mit der einen Hand am Knie, obwohl wir schnell fuhren; der gelbe Scheinwerferstrahl strich über die gelbe Straße, und die Insekten schwirrten in den Lichtstrahl nieder und kreiselten fort. «Für ihn war es nicht Buck Thorpe, der Erwachsene, der Mann. Den Mann hätte er ebenso rasch

as quick as Bookwright did, if he had been in Bookwright's place. It was because somewhere in that debased and brutalized flesh which Bookwright slew there still remained, not the spirit maybe, but at least the memory, of that little boy, that Jackson and Longstreet Fentry, even though the man the boy had become didn't know it, and only Fentry did. And you wouldn't have freed him either. Don't ever forget that. Never."

erschossen, wie es Bookwright getan hat, wenn er an dessen Stelle gewesen wäre. Sondern irgendwo in dem entstellten, zum Scheusal gewordenen Fleisch, das von Bookwright erschlagen worden ist, lebte noch – vielleicht nicht der Geist dieses kleinen Jungen, aber immerhin die Erinnerung an ihn, an den ‹Jackson und Longstreet Fentry›, auch wenn der Mann, der aus dem Jungen geworden war, es nicht mehr wußte – nur Fentry wußte es noch. Du hättest seinen Totschläger auch nicht freigesprochen. Vergiß das nicht. Nie.»

Hand upon the waters

I

The two men followed the path where it ran between the river and the dense wall of cypress and cane and gum and brier. One of them carried a gunny sack which had been washed and looked as if it had been ironed too. The other was a youth, less than twenty, by his face. The river was low, at mid-July level.

"He ought to been catching fish in this water," the youth said.

"If he happened to feel like fishing," the one with the sack said. "Him and Joe run that line when Lonnie feels like it, not when the fish are biting."

"They'll be on the line, anyway," the youth said. "I don't reckon Lonnie cares who takes them off for him."

Presently the ground rose to a cleared point almost like a headland. Upon it sat a conical hut with a pointed roof, built partly of mildewed canvas and odd-shaped boards and partly of oil tins hammered out flat. A rusted stovepipe projected crazily above it, there was a meager woodpile and an ax, and a bunch of cane poles leaned against it. Then they saw, on the earth before the open door, a dozen or so short lengths of cord just cut from a spool near by, and a rusted can half full of heavy fishhooks, some of which had already been bent onto the cords. But there was nobody there.

"The boat's gone," the man with the sack said. "So he ain't gone to the store." Then he discovered that the youth had gone on, and he drew in his breath and was just about to shout when suddenly a man rushed out of the undergrowth and stop-

Hand auf den Wassern

I

Die beiden Männer folgten dem Pfad – dort, wo er sich zwischen dem Fluß und einer dichten Wand aus Zypressen und Riesenrohr und Amberbäumen und Dornengestrüpp hinzog. Der eine trug einen frisch gewaschenen Jutesack, der sogar gebügelt aussah. Der andere war ein junger Bursche, keine zwanzig, seinem Gesicht nach zu urteilen. Das Wasser stand niedrig, wie es Mitte Juli immer war.

«In diesem Wasser sollte er wohl Fische fangen», sagte der Bursche.

«Wenn es ihm gerade nach Fischen zumute ist», sagte der Mann mit dem Sack. «Er und Joe spannen die Flußleine bloß dann, wenn Lonnie Lust hat, und nicht, wenn die Fische anbeißen.»

«Jedenfalls werden sie an der Schnur sein», sagte der Bursche. «Es wird Lonnie wohl einerlei sein, wer sie für ihn abnimmt.»

Bald darauf stieg das Gelände zu einem freien Punkt an, der fast einem Kap glich. Darauf stand eine Hütte mit spitzem Dach, die teils aus modrigem Segeltuch und unregelmäßigen Brettern, teils aus plattgehämmerten Benzinkanistern bestand. Ein rostiges Ofenrohr ragte baufällig darüber hinaus; ein dürftiger Holzstoß war da, und eine Axt, und am Dachrand lehnte ein Bündel Stangen aus Rohr. Dann sahen sie auf dem Boden vor der offenen Tür etwa ein Dutzend kurzer Bindfadenendchen, die gerade von einer danebenliegenden Rolle abgeschnitten worden waren, und eine verrostete Blechbüchse, die halb mit schweren Angelhaken gefüllt war, von denen einige bereits an den Bindfäden hingen. Doch kein Mensch war zu sehen.

«Das Boot ist fort», sagte der Mann mit dem Sack. «Also kann er nicht zum Einkaufen gegangen sein.» Dann bemerkte er, daß der Bursche weitergegangen war, und er holte tief Atem und wollte ihm gerade etwas nachrufen, als plötzlich ein Mann aus dem Unterholz hervorgestürmt kam

ped, facing him and making an urgent whimpering sound – a man not large, but with tremendous arms and shoulders; an adult, yet with something childlike about him, about the way he moved, barefoot, in battered overalls and with the urgent eyes of the deaf and dumb.

"Hi, Joe," the man with the sack said, raising his voice as people will with those who they know cannot understand them. "Where's Lonnie?" He held up the sack. "Got some fish?"

But the other only stared at him, making that rapid whimpering. Then he turned and scuttled on up the path where the youth had disappeared, who, at that moment, shouted: "Just look at this line!"

The older one followed. The youth was leaning eagerly out over the water beside a tree from which a light cotton rope slanted tautly downward into the water. The deaf-and-dumb man stood just behind him, still whimpering and lifting his feet rapidly in turn, though before the older man reached him he turned and scuttled back past him, toward the hut.

At this stage of the river the line should have been clear of the water, stretching from bank to bank, between the two trees, with only the hooks on the dependent cords submerged. But now it slanted into the water from either end, with a heavy downstream sag, and even the older man could feel movement on it. "It's big as a man!" the youth cried.

"Yonder's his boat," the older man said. The youth saw it, too – across the stream and below them, floated into a willow clump inside a point. "Cross and get it, and we'll see how big this fish is."

The youth stepped out of his shoes and overalls and removed his shirt and waded out and began to swim, holding straight across to let the current

und stehenblieb, ihn ansah und einen flehentlich wimmernden Laut ausstieß – kein großer Mann, aber er hatte gewaltige Arme und Schultern; ein Erwachsener, der doch etwas Kindliches an sich hatte – in der Art, wie er umherhing, barfuß, in abgetragenem Overall und mit den flehenden Augen der Taubstummen.

«Hei, Joe!» sagte der Mann mit dem Sack und hob die Stimme, wie man es leicht bei Menschen tut, von denen man weiß, daß sie einen nicht verstehen können. «Wo ist Lonnie?» Er hob den Sack in die Höhe. «Habt ihr Fische?»

Doch der andere schaute ihn nur an und stieß das rasche Gewimmer aus. Dann drehte er sich um und lief den Pfad entlang, auf dem der junge Bursche verschwunden war, der gerade eben rief: «Sieh dir bloß mal die Leine an!»

Der ältere Mann folgte ihm. Der junge Bursche beugte sich eifrig aufs Wasser hinaus und hielt sich dabei an einem Baum fest, von dem ein helles, straff gespanntes Baumwollseil schräg ins Wasser hineintauchte. Der Taubstumme stand genau hinter ihm, wimmerte immer noch und trat abwechselnd von einem Fuß auf den andern; doch bevor der ältere Mann ihn erreicht hatte, drehte er sich schnell um und eilte an ihm vorbei und wieder zur Hütte hinauf. Bei dem jetzigen Wasserstand hätte die zwischen zwei Bäumen von Ufer zu Ufer gespannte Leine frei über dem Wasserspiegel hängen müssen, und nur die Haken an den einzeln herabhängenden Bindfadenenden hätten unterm Wasserspiegel sein sollen. Doch die Leine tauchte von beiden Ufern schräg ins Wasser hinein; ein schweres Gewicht zerrte sie stromab, und auch der ältere Mann konnte eine Bewegung daran wahrnehmen. «Es ist so groß wie ein Mensch!» schrie der Bursche.

«Drüben ist sein Boot», sagte der ältere Mann. Auch der junge Bursche sah es: am andern Flußufer und unterhalb von ihnen lag es in einer kleinen Bucht im Weidengebüsch. «Schwimm rüber und hol's, dann können wir nachsehen, wie groß der Fisch ist!»

Der Bursche schlüpfte aus Schuhen und Overall, zog sich das Hemd über den Kopf und watete hinaus und begann zu schwimmen, wobei er geradeaus hielt und sich von der Strö-

carry him down to the skiff, and got the skiff and paddled back, standing erect in it and staring eagerly upstream toward the heavy sag of the line, near the center of which the water, from time to time, roiled heavily with submerged movement. He brought the skiff in below the older man, who, at that moment, discovered the deaf-and-dumb man just behind him again, still making the rapid and urgent sound and trying to enter the skiff.

"Get back!" the older man said, pushing the other back with his arm. "Get back, Joe!"

"Hurry up!" the youth said, staring eagerly toward the submerged line, where, as he watched, something rolled sluggishly to the surface, then sank again. "There's something on there, or there ain't a hog in Georgia. It's big as a man, too!"

The older one stepped into the skiff. He still held the rope, and he drew the skiff, hand over hand, along the line itself.

Suddenly, from the bank of the river behind them, the deaf-and-dumb man began to make an actual sound. It was quite loud.

II

"Inquest?" Stevens said.

"Lonnie Grinnup." The coroner was an old country doctor. "Two fellows found him drowned on his own trotline this morning."

"No!" Stevens said. "Poor damned feeb. I'll come out." As county attorney he had no business there, even if it had not been an accident. He knew it. He was going to look at the dead man's face for a sentimental reason. What was now Yoknapatawpha County had been founded not by one pioneer but by three simultaneous ones. They came together on horseback, through the Cumberland Gap from the Carolinas, when Jefferson was still a

mung zum Kahn hinuntertragen ließ; er bestieg den Kahn und paddelte ihn, aufrecht darin stehend, zurück und blickte angestrengt stromaufwärts zu der schwerbelasteten Leine, an deren Mittelstück sich das Wasser von Zeit zu Zeit wie in einem unsichtbaren Sog schwerfällig überschlug. Er legte mit dem Kahn an, unterhalb von dem älteren Mann, der im gleichen Augenblick wieder dicht hinter sich den Taubstummen entdeckte, wie er nochmals den raschen, flehentlichen Laut ausstieß und in den Kahn zu springen versuchte.

«Geh weg!» sagte der ältere Mann und schob den Taubstummen mit dem Arm zurück. «Geh weg. Joe!»

«Mach schnell!» sagte der junge Bursche und spähte aufmerksam nach der eingetauchten Leine, an der sich etwas, noch während er hinsah, träge an die Oberfläche wälzte und dann wieder versank. «Es ist was dran, so wahr es Schweine in Georgia gibt! Und es ist auch so groß wie ein Mensch!»

Der ältere Mann stieg in den Kahn. Er behielt die Leine in der Hand und zog sich und den Kahn, eine Hand um die andre, an der Leine aufs Wasser hinaus.

Plötzlich begann der Taubstumme vom Flußufer hinter ihnen richtige Rufe auszustoßen. Es klang sehr laut.

II

«Leichenschau?» wiederholte Stevens.

«Lonnie Grinnup.» Der Leichenbeschauer war ein alter Landarzt. «Zwei Männer haben ihn heute früh an seiner eigenen Flußleine gefunden. Ertrunken.»

«Nein, sowas!» sagte Stevens. «Der arme alte Tropf! Ich komme raus!» Als Bezirksanwalt ging ihn die Sache nichts an, selbst dann nicht, wenn es kein Unglücksfall gewesen wäre. Er wußte es. Daß er hinging, um sich das Gesicht des Toten anzusehen, hatte einen sentimentalen Grund. Das Land, das jetzt den Yoknapatawpha-Bezirk abgab, wurde nicht von einem Pionier, sondern von dreien gleichzeitig besiedelt. Zu Pferd waren sie gemeinsam von den Carolinas durch die Cumberland-Schlucht gekommen – damals, als Jef-

Chickasaw Agency post, and bought land in the Indian patent and established families and flourished and vanished, so that now, a hundred years afterward, there was in all the county they helped to found but one representative of the three names.

This was Stevens, because the last of the Holston family had died before the end of the last century, and the Louis Grenier, whose dead face Stevens was driving eight miles in the heat of a July afternoon to look at, had never even known he was Louis Grenier. He could not even spell the Lonnie Grinnup he called himself – an orphan, too, like Stevens, a man a little under medium size and somewhere in his middle thirties, whom the whole county knew – the face which was almost delicate when you looked at it again, equable, constant, always cheerful, with an invariable fuzz of soft golden beard which had never known a razor, and light-colored peaceful eyes – "touched," they said, but whatever it was, had touched him lightly, taking not very much away that need be missed – living, year in and year out, in the hovel he had built himself of an old tent and a few mismatched boards and flattened oil tins, with the deaf-and-dumb orphan he had taken into his hut ten years ago and clothed and fed and raised, and had not even grown mentally as far as he himself had.

Actually his hut and trotline and fish trap were in almost the exact center of the thousand and more acres his ancestors had once owned. But he never knew it.

Stevens believed he would not have cared, would have declined to accept the idea that any one man could or should own that much of the earth which belongs to all, to every man for his use and pleasure – in his own case, that thirty or forty feet where his hut sat and the span of river across which his trotline stretched, where anyone was welcome

ferson noch ein kleiner Chickasaw-Handelsposten war; sie kauften in der Indianer-Konzession Land auf und gründeten Familien und gediehen und verschwanden, so daß jetzt, nach hundert Jahren, im ganzen Bezirk, den sie hatten gründen helfen, nur noch ein Vertreter ihrer drei Namen lebte.

Das war Stevens, denn der letzte aus der Holston-Familie war vor dem Ende des vorigen Jahrhunderts gestorben. Der Louis Grenier, dessen totes Gesicht anzuschauen Stevens acht Meilen durch die Hitze eines Julinachmittags fuhr, dieser Louis Grenier hatte gar nicht gewußt, daß er Louis Grenier war. Er konnte nicht einmal den Namen Lonnie Grinnup schreiben, den er sich beigelegt hatte; er war ein Waisenjunge wie Stevens, ein Mann, etwas weniger als mittelgroß und wohl in den Dreißigern; der ganze Bezirk kannte ihn; sein Gesicht war fast zart, wenn man richtig hinschaute, ausgeglichen, verläßlich, immer heiter, stets mit dem gleichen Flaum goldenen Barthaars, das nie ein Schermesser berührt hatte, und mit hellen, friedfertigen Augen; er war «nicht ganz richtig», hieß es; aber es hatte ihn nur leicht erwischt, es war ihm nicht viel abhanden gekommen, was er etwa nötig gehabt hätte; er lebte jahrein, jahraus in der Hütte, die er sich selbst aus einem Zelt und ein paar krumm und schiefen Brettern und plattgeklopften Kanistern zusammengehämmert hatte, lebte dort mit dem verwaisten Taubstummen, den er vor zehn Jahren in seine Hütte geholt hatte und kleidete und beköstigte und aufzog, und dessen Verstand noch hinter dem seinen zurückgeblieben war.

Seine Hütte und die Flußleine und die Fischreusen lagen sogar beinah genau im Mittelpunkt der fast fünfhundert Hektar Land, die einst seinen Vorfahren gehört hatten. Doch davon wußte er nichts.

Stevens glaubte übrigens, daß es ihm einerlei gewesen wäre und daß er den Gedanken abgelehnt hätte, ein einzelner Mensch könne oder dürfe so viel von der Erde für sich allein besitzen, die doch allen gehörte, jedem zu Nutzen und Freude – in seinem Falle die dreißig oder vierzig Quadratfuß, auf denen seine Hütte stand, und das Stück Fluß, in dem seine Leine hing, und wo jedermann, ob er zu Hause war

at any time, whether he was there or not, to use his gear and eat his food as long as there was food.

And at times he would wedge his door shut against prowling animals and with his deaf-and-dumb companion he would appear without warning or invitation at houses or cabins ten and fifteen miles away, where he would remain for weeks, pleasant, equable, demanding nothing and without servility, sleeping wherever it was convenient for his hosts to have him sleep – in the hay of lofts, or in beds in family or company rooms, while the deaf-and-dumb youth lay on the porch or the ground just outside, where he could hear him who was brother and father both, breathing. It was his one sound out of all the voiceless earth. He was infallibly aware of it.

It was early afternoon. The distances were blue with heat. Then, across the long flat where the highway began to parallel the river bottom, Stevens saw the store. By ordinary it would have been deserted, but now he could already see clotted about it the topless and battered cars, the saddled horses and mules and the wagons, the riders and drivers of which he knew by name. Better still, they knew him, voting for him year after year and calling him by his given name even though they did not quite understand him, just as they did not understand the Harvard Phi Beta Kappa key on his watch chain. He drew in beside the coroner's car.

Apparently it was not to be in the store, but in the grist mill beside it, before the open door of which the clean Saturday overalls, and shirts and the bared heads and the sunburned necks striped with the white razor lines of Saturday neck shaves were densest and quietest. They made way for him to enter. There was a table and three chairs where the coroner and two witnesses sat.

Stevens noticed a man of about forty holding a

oder nicht, jederzeit sein Gerät benutzen und sich an seinem Essen sättigen durfte, solange noch was da war.

Und manchmal verklemmte er seine Tür mit einem Keil gegen herumstreunende Tiere und erschien dann samt seinem taubstummen Gefährten unversehens und unaufgefordert vor Häusern oder Hütten, die zehn und fünfzehn Meilen entfernt lagen, und blieb dort wochenlang, freundlich und friedlich, ohne etwas zu verlangen und ohne Unterwürfigkeit, und schlief, wo es seinen Gastgebern am besten paßte – im Heu auf dem Heuboden oder in einem Bett im Wohnzimmer oder in der guten Stube, während der junge Taubstumme auf der Veranda oder einfach auf der Erde schlief, wo er den, der ihm sowohl Vater wie Bruder war, stets hören konnte, wie er atmete. Das war der eine Laut in seiner ganzen lautlosen Welt. Er vernahm ihn, untrüglich.

Es war am frühen Nachmittag. Die Ferne ringsum war blau vor Hitze. Dann erkannte Stevens hinter der weiten Ebene, wo die Überlandstraße parallel neben dem Schwemmland des Flusses einherzulaufen begann, den Laden. Für gewöhnlich hätte er einsam dagelegen, doch jetzt konnte Stevens schon die verdecklosen, zerbeulten Autos sehen, die sich davor angesammelt hatten, und gesattelte Pferde und Maultiere und Wagen, deren Reiter und Fahrer er mit Namen kannte. Besser gesagt, sie kannten ihn, stimmten jahrein, jahraus für ihn und nannten ihn bei seinem Spitznamen, auch wenn sie ihn nicht ganz verstanden, gerade wie ihnen der Phi-Beta-Kappa-Schlüssel von Harvard nicht bekannt war, den er an der Uhrkette trug. Er parkte neben dem Wagen des Leichenbeschauers.

Offenbar sollte es nicht im Laden, sondern nebenan in der Kornmühle stattfinden, vor deren offener Tür sich die sauberen Sonntags-Overalls und -Hemden und die entblößten Köpfe und sonnverbrannten, nach der Samstagsrasur weißgestreiften Hälse am dichtesten und schweigsamsten zusammendrängten. Sie machten ihm Platz, so daß er eintreten konnte. Ein Tisch und drei Stühle standen da, auf denen der Leichenbeschauer und zwei Zeugen saßen.

Stevens bemerkte einen etwa vierzigjährigen Mann mit

clean gunny sack, folded and refolded until it resembled a book, and a youth whose face wore an expression of weary yet indomitable amazement. The body lay under a quilt on the low platform to which the silent mill was bolted. He crossed to it and raised the corner of the quilt and looked at the face and lowered the quilt and turned, already on his way back to town, and then he did not go back to town.

He moved over among the men who stood along the wall, their hats in their hands, and listened to the two witnesses – it was the youth telling it in his amazed, spent, incredulous voice – finish describing the finding of the body. He watched the coroner sign the certificate and return the pen to his pocket, and he knew he was not going back to town.

"I reckon that's all," the coroner said. He glanced toward the door. "All right, Ike," he said. "You can take him now."

Stevens moved aside with the others and watched the four men cross toward the quilt. "You going to take him, Ike?" he said.

The eldest of the four glanced back at him for a moment. "Yes. He had his burying money with Mitchell at the store."

"You, and Pose, and Matthew, and Jim Blake," Stevens said.

This time the other glanced back at him with surprise, almost impatiently.

"We can make up the difference," he said.

"I'll help," Stevens said.

"I thank you," the other said. "We got enough."

Then the coroner was among them, speaking testily: "All right, boys. Give them room."

With the others, Stevens moved out into the air, the afternoon again. There was a wagon backed up to the door now which had not been there before.

einem sauberen Jutesack in der Hand, der viele Male zusammengefaltet war, so daß er schließlich einem Buch ähnlich sah, und einen jungen Burschen, dessen Gesicht einen Ausdruck müder und doch unbezähmbarer Bestürzung trug. Die Leiche lag unter einer Steppdecke auf einer niedrigen Holzplattform, auf der die jetzt stille Schrotmühle verbolzt war. Er ging darauf zu und hob den Zipfel der Decke auf und sah in das Gesicht und ließ die Decke sinken und wandte sich ab, schon wieder auf dem Wege zur Stadt, und fuhr dann doch nicht in die Stadt. Er trat zu den Männern, die längs der Wand standen, den Hut in der Hand, und hörte, was die Zeugen sagten – der Bursche war's, der sprach, der mit bestürztem, müdem, ungläubigem Ton die Schilderung beendete, wie sie die Leiche gefunden hatten. Er sah zu, wie der Leichenbeschauer den Schein ausstellte und den Federhalter wieder einsteckte – und da wußte er, daß er nicht wieder in die Stadt zurückfahren würde.

«Das ist dann wohl alles», sagte der Leichenbeschauer. Er warf einen Blick auf die Tür. «In Ordnung, Ike», sagte er. «Kannst ihn jetzt mitnehmen.»

Stevens trat gleichzeitig mit den andern beiseite und sah zu, wie die vier Männer sich der Steppdecke näherten. «Ihr nehmt ihn also, Ike?» fragte er.

Der älteste von den vieren sah sich kurz nach ihm um. «Ja. Er hatte sein Sterbegeld bei Mitchell im Laden.»

«Du also, und Pose, und Matthew und Jim Blake?» sagte Stevens.

Diesmal sah sich der andere beinahe erstaunt, beinahe unwillig nach ihm um.

«Wir können zulegen, was fehlt», sagte er.

«Ich helfe gerne», sagte Stevens.

«Besten Dank», erwiderte der andere. «Wir haben genug beisammen.»

Dann stand der Leichenbeschauer zwischen ihnen und rief ärgerlich: «Also los, Jungen, macht ihnen Platz!»

Stevens trat mit den andern ins Freie hinaus, ins Nachmittagslicht. Ein Wagen stand jetzt da; er war rückwärts bis dicht an die Tür gefahren, und vorhin war er noch nicht

Its tail gate was open, the bed was filled with straw, and with the others Stevens stood bareheaded and watched the four men emerge from the shed, carrying the quilt-wrapped bundle, and approach the wagon. Three or four others moved forward to help, and Stevens moved, too, and touched the youth's shoulder, seeing again that expression of spent and incredulous wild amazement.

"You went and got the boat before you knew anything was wrong," he said.

"That's right," the youth said. He spoke quietly enough at first. "I swum over and got the boat and rowed back. I knowed something was on the line. I could see it swagged —

"You mean you swam the boat back," Stevens said.

"— down into the — Sir?"

"You swam the boat back. You swam over and got it and swam it back."

"No, sir! I rowed the boat back. I rowed it straight back across! I never suspected nothing! I could see them fish —"

"What with?" Stevens said. The youth glared at him. "What did you row it back with?"

"With the oar! I picked up the oar and rowed it right back, and all the time I could see them flopping around in the water. They didn't want to let go! They held on to him even after we hauled him up, still eating him! Fish were! I knowed turtles would, but these were fish! Eating him! Of course it was fish we thought was there! It was! I won't never eat another one! Never!"

It had not seemed long, yet the afternoon had gone somewhere, taking some of the heat with it. Again in his car, his hand on the switch, Stevens
60 sat looking at the wagon, now about to depart. *And*
61 *it's not right,* he thought. *It don't add. Something*

dagewesen. Die hintere Wagentür stand offen, der Boden war mit Stroh ausgelegt, und gleich den andern stand Stevens barhäuptig da und sah, wie die vier Männer aus dem Schuppen kamen, das Deckenbündel trugen und sich dem Wagen näherten. Drei oder vier andere traten vor, um zu helfen, und auch Stevens rührte sich und streifte die Schultern des jungen Burschen und bemerkte wieder den gleichen Ausdruck müder und ungläubiger wilder Bestürzung.

«Du hast also das Boot geholt, ehe du wußtest, daß etwas nicht stimmte?» fragte er.

«Ja, so war's», sagte der Bursche. Anfangs sprach er noch recht ruhig. «Ich bin rübergeschwommen und hab das Boot geholt und bin zurückgepaddelt. Ich wußte, daß was an der Leine war. Ich konnte sehen, wie sie durchsackte . . .»

«Du meinst, du hast das Boot schwimmend ans Ufer gebracht?» sagte Stevens.

«. . . durchsackte in den . . . Sir?»

«Du hast das Boot schwimmend geholt. Du bist rübergeschwommen und hast es schwimmend hergeholt.»

«Nein, Sir! Ich hab's zurückgepaddelt! Hier herüber hab ich's gepaddelt! Ich hab ja nie einen Verdacht gehabt! Ich konnte die Fische sehen, die . . .»

«Womit?» fragte Stevens. Der Junge starrte ihn an. «Womit hast du den Kahn zurückgepaddelt?»

«Mit dem Paddel. Hab das Paddel vom Bootsboden aufgehoben und bin sofort zurückgepaddelt, und die ganze Zeit hab ich gesehn, wie sie im Wasser rumplatschten. Sie wollten nicht weg. Sie sind sogar noch an ihm drangewesen, als wir ihn hochhievten, und sie fraßen und fraßen! Fische! Ich weiß, Schildkröten tun sowas, aber es waren Fische. Fraßen an ihm. Natürlich meinten wir, da wäre ein Fisch da. Aber so? Nie mehr kann ich Fisch essen. Nie!»

Es hatte scheinbar nicht lange gedauert, doch der Nachmittag hatte sich irgendwohin verzogen und auch etwas von der Hitze mitgenommen. Stevens saß wieder in seinem Auto, hatte die Hand am Anlasser und blickte auf den andern Wagen, der gerade abfahren wollte. *Es ist nicht in Ordnung* dachte er. *Irgendwo stimmt es nicht. Etwas, das mir*

more that I missed, didn't see. Or something that hasn't happened yet.

The wagon was now moving, crossing the dusty banquette toward the highroad, with two men on the seat and the other two on saddled mules beside it. Stevens' hand turned the switch; the car was already in gear. It passed the wagon, already going fast.

A mile down the road he turned into a dirt lane, back toward the hills. It began to rise, the sun intermittent now, for in places among the ridges sunset had already come. Presently the road forked. In the V of the fork stood a church, white-painted and steepleless, beside an unfenced straggle of cheap marble headstones and other graves outlined only by rows of inverted glass jars and crockery and broken brick.

He did not hesitate. He drove up beside the church and turned and stopped the car facing the fork and the road over which he had just come where it curved away and vanished. Because of the curve, he could hear the wagon for some time before he saw it, then he heard the truck. It was coming down out of the hills behind him, fast, sweeping into sight, already slowing – a cab, a shallow bed with a tarpaulin spread over it.

It drew out of the road at the fork and stopped; then he could hear the wagon again, and then he saw it and the two riders come around the curve in the dusk, and there was a man standing in the road beside the truck now, and Stevens recognized him: Tyler Ballenbaugh – a farmer married and with a family and a reputation for self-sufficiency and violence, who had been born in the county and went out West and returned, bringing with him, like an effluvium, rumors of sums he had won gambling,
62 who had married and bought land and no longer
63 gambled at cards, but on certain years would mort-

entgangen ist, das mir nicht auffiel. Oder etwas, das noch nicht geschehen ist.

Der Wagen bewegte sich jetzt; er fuhr über die staubige Böschung zur Landstraße hinauf; zwei Männer saßen vorne, die andern ritten rechts und links davon auf gesattelten Maultieren. Stevens' Hand drehte am Anlasser; der Gang war bereits eingeschaltet. Er fuhr gleich los und überholte den andern Wagen.

Eine Meile straßab bog er in einen Feldweg ein, den Bergen entgegen. Der Weg stieg an, und die Sonne schien nur noch hier und da, denn hinter den Bergrücken war sie schon verschwunden. Dann gabelte sich der Weg. Im ‹V› der Weggabelung stand eine Kirche, weißgetüncht und ohne Türme, neben einem nicht eingefriedeten Durcheinander billiger Marmorgrabsteine und anderer Gräber, die nur durch eine Einfassung aus umgedrehten Flaschen und Steingut- und Ziegelscherben angedeutet waren.

Er zögerte nicht lange. Er fuhr an der Kirche vor und wendete und hielt, so daß sein Auto auf die Gabelung und den Weg blickte, den er gerade heraufgekommen war und der hinter einer Biegung verschwand. Wegen der Wegbiegung konnte er den Wagen längere Zeit hören, ohne ihn schon zu sehen – und dann hörte er ein Lastauto. Es kam aus den Bergen hinter ihm, in schneller Fahrt, raste in Sichtweite, verlangsamte bereits die Fahrt – der Fahrersitz mit Verdeck, hinten der niedrige Kasten mit darübergebreiteter Plane.

An der Gabelung fuhr es seitlich vom Weg hinunter und hielt; dann konnte Stevens wieder den andern Wagen hören, und dann sah er ihn, sah die beiden Reiter, die im Zwielicht um die Biegung kamen, und neben dem Lastwagen stand auf dem Fahrweg jetzt ein Mann: Tyler Ballenbaugh – ein Farmer, verheiratet und mit Familie, dessen Hochmut und Heftigkeit bekannt waren, der im Bezirk geboren war und in den Westen ging und zurückkam, in einer Wolke von Gerüchten über die Unsummen, die er im Spiel gewonnen habe, der dann geheiratet und Land gekauft hatte und nicht mehr Karten spielte; doch in manchen Jahren verpfändete

gage his own crop and buy or sell cotton futures with the money – standing in the road beside the wagon, tall in the dust, talking to the men in the wagon without raising his voice or making any gesture. Then there was another man beside him, in a white shirt, whom Stevens did not recognize or look at again.

His hand dropped to the switch; again the car was in motion with the sound of the engine. He turned the headlights on and dropped rapidly down out of the churchyard and into the road and up behind the wagon as the man in the white shirt leaped onto the running board, shouting at him, and Stevens recognized him, too: A younger brother of Ballenbaugh's, who had gone to Memphis years ago, where it was understood he had been a hired armed guard during a textile strike, but who, for the last two or three years, had been at his brother's, hiding, it was said, not from the police but from some of his Memphis friends or later business associates. From time to time his name made one in reported brawls and fights at country dances and picnics. He was subdued and thrown into jail once by two officers in Jefferson, where, on Saturdays, drunk, he would brag about his past exploits or curse his present luck and the older brother who made him work about the farm.

"Who in hell you spying on?" he shouted.

"Boyd," the other Ballenbaugh said. He did not even raise his voice. "Get back in the truck." He had not moved – a big somber-faced man who stared at Stevens out of pale, cold, absolutely expressionless eyes. "Howdy, Gavin," he said.

"Howdy, Tyler," Stevens said. "You going to take Lonnie?"

"Does anybody here object?"

"I don't," Stevens said, getting out of the car. "I'll help you swap him."

er seine Ernte, und mit dem Geld spekulierte er in Baumwolle. Tyler Ballenbaugh stand auf dem Fahrweg neben dem Wagen, schien in der Dämmerung sehr groß, und sprach mit den Männern im Wagen, ohne die Stimme zu heben oder eine Geste zu machen. Dann stand ein andrer Mann neben ihm, in weißem Hemd, den Stevens nicht erkannte oder weiter beachtete.

Seine Hand sank zum Anlasser; wieder setzte sich ein Auto in Bewegung, der Motor summte. Er schaltete die Scheinwerfer an und fuhr schnell vom Friedhof nach unten auf die Straße hinter den Wagen, als der Mann im weißen Hemd aufs Trittbrett sprang und ihn anbrüllte, Stevens erkannte ihn nun auch: ein jüngerer Bruder von Ballenbaugh war es, der vor Jahren schon nach Memphis gezogen war, wo er, wie es hieß, während eines Streiks von Textilarbeitern als bewaffneter Streikposten ausgeholfen hatte, der sich aber während der letzten zwei oder drei Jahre, wie es hieß, bei seinem Bruder versteckt hielt, nicht vor der Polizei, sondern vor einigen seiner Freunde oder vor ehemaligen Geschäftspartnern. Von Zeit zu Zeit tauchte sein Name in Berichten über Raufereien und Streitigkeiten bei ländlichen Tänzen und Picknicks auf. In Jefferson, wo er sich an Samstagen oft in betrunkenem Zustand mit seinen einstigen Heldentaten brüstete oder sein gegenwärtiges Schicksal und den älteren Bruder verfluchte, der ihn zur Arbeit auf seiner Farm zwang, geschah es einmal, daß er von zwei Beamten überwältigt und ins Gefängnis gesteckt wurde.

«Wem spionieren Sie hier nach, zum Teufel?» schrie er.

«Boyd!» sagte der ältere Ballenbaugh. Er hob nicht einmal die Stimme. «Steig wieder ein!» Er hatte sich nicht gerührt – ein großer, finsterer Mann, der Stevens mit blassen, kalten, völlig ausdruckslosen Augen ansah. «Tag, Gavin», sagte er.

«Tag, Tyler», sagte Stevens. «Wollen Sie Lonnie in Empfang nehmen?»

«Hat jemand was dagegen?»

«Ich nicht», sagte Stevens. «Ich helfe euch, ihn herunterzuholen.»

Then he got back into the car. The wagon moved on. The truck backed and turned, already gaining speed; the two faces fled past – the one which Stevens saw now was not truculent, but frightened; the other, in which there was nothing at all save the still, cold, pale eyes. The cracked tail lamp vanished over the hill. *That was an Okatoba County license number,* he thought.

Lonnie Grinnup was buried the next afternoon, from Tyler Ballenbaugh's house.

Stevens was not there. "Joe wasn't there either, I suppose," he said. "Lonnie's dummy."

"No. He wasn't there, either. The folks that went into Lonnie's camp on Sunday morning to look at that trotline said that he was still there, hunting for Lonnie. But he wasn't at the burying. When he finds Lonnie this time, he can lie down by him, but he won't hear him breathing."

III

"No," Stevens said.

He was in Mottstown, the seat of Okatoba County, on that afternoon. And although it was Sunday, and although he would not know until he found it just what he was looking for, he found it before dark – the agent for the company which, eleven years ago, had issued to Lonnie Grinnup a five-thousand-dollar policy, with double indemnity for accidental death, on his life, with Tyler Ballenbaugh as beneficiary.

It was quite correct. The examining doctor had never seen Lonnie Grinnup before, but he had known Tyler Ballenbaugh for years, and Lonnie had made his mark on the application and Ballenbaugh had paid the first premium and kept them up ever since.

There had been no particular secrecy about it

Nachher stieg er wieder in sein Auto. Der andere Wagen fuhr fort. Das Lastauto fuhr rückwärts und hatte schon Fahrt; die beiden Gesichter flogen an ihm vorüber – das eine, das Stevens jetzt sah, war nicht wüst, sondern erschrocken, und das andere, in dem gar nichts stand außer den stillen, kalten, blassen Augen. Das geborstene Schlußlicht verschwand hinter dem Hügel. *Es war ein Nummernschild vom Okatoba-Bezirk,* dachte er.

Lonnie Grinnup wurde am folgenden Nachmittag von Tyler Ballenbaughs Haus aus beerdigt.

Stevens war nicht dort. «Joe war auch nicht da, nehme ich an?» sagte er. «Lonnies Taubstummer?»

«Nein. Er war auch nicht da. Die Leute, die am Sonntagmorgen zu Lonnies Camp gelaufen waren, um sich die Flußleine anzusehen, sagten, daß er noch immer draußen gewesen sei und Lonnie gesucht habe. Aber bei der Beerdigung war er nicht. Wenn er Lonnie jetzt wiederfindet, kann er sich neben ihn legen, aber atmen hört er ihn nicht mehr.»

III

«Nein», sagte Stevens.

An jenem Nachmittag war er in Mottstown, dem Hauptort vom Okatoba-Bezirk. Obwohl es ein Sonntag war, und obwohl er, bis er es entdeckte, nicht genau wußte, was er eigentlich suchte, entdeckte er es doch vor Anbruch der Dunkelheit: den Agenten der Versicherungsgesellschaft, die Lonnie Grinnup vor elf Jahren einen Versicherungsschein über fünftausend Dollar auf sein Leben ausgestellt hatte, mit doppelt so hoher Entschädigung im Falle eines nicht natürlichen Todes, und der Begünstigte war Tyler Ballenbaugh.

Es war alles völlig einwandfrei zugegangen. Der Untersuchungsarzt hatte Lonnie Grinnup vorher nie gesehen, doch Tyler Ballenbaugh kannte er seit Jahren, und Lonnie hatte ein Zeichen auf das Formular gekritzelt, und Tyler Ballenbaugh hatte die erste Prämie und seither immer pünktlich gezahlt.

Es hatte keine besondere Heimlichtuerei dabei gegeben,

other than transacting the business in another town, and Stevens realized that even that was not unduly strange.

Okatoba County was just across the river, three miles from where Ballenbaugh lived, and Stevens knew of more men than Ballenbaugh who owned land in one county and bought their cars and trucks and banked their money in another, obeying the country-bred man's inherent, possibly atavistic, faint distrust, perhaps, not of men in white collars but of paving and electricity.

"Then I'm not to notify the company yet?" the agent asked.

"No. I want you to accept the claim when he comes in to file it, explain to him it will take a week or so to settle it, wait three days and send him word to come in to your office to see you at nine o'clock or ten o'clock the next morning; don't tell him why, what for. Then telephone me at Jefferson when you know he has got the message."

Early the next morning, about daybreak, the heat wave broke. He lay in bed watching and listening to the crash and glare of lightning and the rain's loud fury, thinking of the drumming of it and the fierce channeling of clay-colored water across Lonnie Grinnup's raw and kinless grave in the barren hill beside the steepleless church, and of the sound it would make, above the turmoil of the rising river, on the tin-and-canvas hut where the deaf-and-dumb youth probably still waited for him to come home, knowing that something had happened, but not how, not why. *Not how,* Stevens thought. *They fooled him someway. They didn't even bother to tie him up. They just fooled him.*

On Wednesday night he received a telephone message from the Mottstown agent that Tyler Ballenbaugh had filed his claim.

außer daß die Sache in einer anderen Stadt abgeschlossen worden war, und Stevens fand, daß nicht einmal das besonders merkwürdig war.

Der Okatoba-Bezirk lag gleich jenseits des Flusses, und Stevens kannte außer Ballenbaugh noch viele, die ihr Land in dem einen Bezirk hatten und ihre Wagen und Lastwagen in einem anderen kauften, wo sie auch ihre Bank hatten; damit bewiesen sie nur das alte, vielleicht uralte leise Mißtrauen des Mannes vom Lande – wenn nicht gerade gegenüber Leuten mit weißem Kragen, so doch gegenüber gepflasterten Straßen und elektrischer Beleuchtung.

«Dann soll ich der Gesellschaft noch nichts mitteilen?» fragte der Agent.

«Nein. Ich möchte, daß Sie seinen Antrag entgegennehmen, wenn er ihn vorlegt, und ihm erklären, es dauere etwa eine Woche, bis es geregelt sei; dann warten Sie drei Tage und benachrichtigen ihn, er solle am nächsten Morgen um neun oder zehn zu Ihnen ins Büro kommen; sagen Sie ihm nicht, weshalb und wozu. Rufen Sie mich in Jefferson an, sobald Sie wissen, daß er die Nachricht hat.»

Früh am nächsten Morgen, noch vor Tagesanbruch, endete die Hitzewelle. Stevens lag im Bett und beobachtete das grelle Lodern der Blitze und lauschte auf das Krachen des Donners und die lärmende Wut des Regens und dachte, wie er heruntertrommelte und wie das lehmgelbe Wasser ingrimmig Lonnie Grinnups karges und einsames Grab durchdrang, da oben am kahlen Berghang neben der turmlosen Kirche, und an das Geräusch, das der Regen, trotz dem Getöse vom steigenden Fluß, auf der Blech- und Segeltuch-Hütte machte, wo der junge Taubstumme wahrscheinlich noch immer wartete, daß Lonnie heimkäme, und wußte, daß etwas geschehen war, aber nicht wie, nicht warum. *Nicht wie,* dachte Stevens. *Sie haben ihm etwas vorgemacht. Haben es nicht mal für nötig befunden, ihn zu fesseln. Haben ihm bloß etwas vorgemacht.*

Am Mittwochabend erhielt er einen Anruf vom Agenten in Mottstown, daß Tyler Ballenbaugh seinen Antrag eingereicht habe.

"All right," Stevens said. "Send him the message Monday, to come in Tuesday. And let me know when you know he has gotten it." He put the phone down. *I am playing stud poker with a man who has proved himself a gambler, which I have not,* he thought. *But at least I have forced him to draw a card. And he knows who is in the pot with him.*

So when the second message came, on the following Monday afternoon, he knew only what he himself was going to do. He had thought once of asking the sheriff for a deputy, or of taking some friend with him. *But even a friend would not believe that what I have is a hole card,* he told himself, *even though I do: That one man, even an amateur at murder, might be satisfied that he had cleaned up after himself. But when there are two of them, neither one is going to be satisfied that the other has left no ravelings.*

So he went alone. He owned a pistol. He looked at it and put it back into its drawer. *At least nobody is going to shoot me with that,* he told himself. He left town just after dusk.

This time he passed the store, dark at the roadside. When he reached the lane into which he had turned nine days ago, this time he turned to the right and drove on for a quarter of a mile and turned into a littered yard, his headlights full upon a dark cabin. He did not turn them off. He walked full in the yellow beam, toward the cabin, shouting: "Nate! Nate!"

After a moment a Negro voice answered, though no light showed.

"I'm going in to Mr. Lonnie Grinnup's camp. If I'm not back by daylight, you better go up to the store and tell them."

There was no answer. Then a woman's voice
70 said: "You come on away from that door!" The
71 man's voice murmured something.

«Gut», sagte Stevens. «Schicken Sie ihm am Montag die Nachricht, er solle am Dienstag kommen. Und geben Sie mir Bescheid, sobald Sie wissen, daß er sie erhalten hat.» Er legte den Hörer auf. *Ich spiele Stud-Poker mit einem Menschen, der ein ausgemachter Spieler ist, was ich nicht bin,* dachte er. *Doch habe ich ihn wenigstens gezwungen, eine Karte zu ziehen. Und er weiß, gegen wen er spielt.*

Als daher am folgenden Montagnachmittag die zweite Nachricht kam, wußte er nur, was er selber zu tun hatte. Er hatte flüchtig erwogen, den Sheriff um einen Amtsdiener zu bitten oder einen Freund mitzunehmen.

Doch selbst ein Freund würde nicht glauben, daß ich eine verdeckte Karte habe, dachte er bei sich, *obwohl ich sie habe: daß nämlich ein Mann allein, auch ein stümperhafter Mörder, überzeugt sein kann, er habe hinterher alle Spuren beseitigt. Wenn aber zweie beteiligt sind, dann ist keiner sicher, ob der andere nicht etwa doch Spuren hinterlassen hat.*

Daher ging er allein. Er besaß eine Pistole. Er betrachtete sie und legte sie wieder ins Schubfach. *Mit der soll mich wenigstens keiner erschießen,* dachte er. Gleich nach dem Dunkelwerden verließ er die Stadt.

Diesmal fuhr er am Laden vorüber, der dunkel am Straßenrand lag. Als er den Feldweg erreichte, in den er vor neun Tagen eingebogen war, wandte er sich nach rechts und fuhr eine Viertelmeile weiter, bog in einen unordentlichen Hof ein und ließ seine Scheinwerfer voll auf eine dunkle Hütte fallen. Er schaltete sie nicht aus. Er trat mitten in den gelben Lichtschein, der Hütte gegenüber, und rief: «Nate! Nate!»

Nach einem Weilchen meldete sich eine Negerstimme, obwohl niemand Licht machte.

Stevens rief: «Ich fahre zu Lonnie Grinnups Camp. Wenn ich morgen früh nicht wieder hier bin, geh zum Laden und sage dort Bescheid!»

Es kam keine Antwort. Dann sagte eine Frauenstimme: «Geh mir von der Tür da weg!» Eine Männerstimme murrte etwas.

"I can't help it!" the woman cried. "You come away and let them white folks alone!"

So there are others besides me, Stevens thought, thinking how quite often, almost always, there is in Negroes an instinct not for evil but to recognize evil at once when it exists. He went back to the car and snapped off the lights and took his flashlight from the seat.

He found the truck. In the close-held beam of the light he read again the license number which he had watched nine days ago flee over the hill. He snapped off the light and put it into his pocket.

Twenty minutes later he realized he need not have worried about the light. He was in the path, between the black wall of jungle and the river, he saw the faint glow inside the canvas wall of the hut and he could already hear the two voices – the one cold, level and steady, the other harsh and high. He stumbled over the woodpile and then over something else

and found the door and flung it back and entered the devastation of the dead man's house – the shuck mattresses dragged out of the wooden bunks, the overturned stove and scattered cooking vessels – where Tyler Ballenbaugh stood facing him with a pistol and the younger one stood half-crouched above an overturned box.

"Stand back, Gavin," Ballenbaugh said.

"Stand back yourself, Tyler," Stevens said. "You're too late."

The younger one stood up. Stevens saw recognition come into his face. "Well, by – " he said.

"Is it all up, Gavin?" Ballenbaugh said. "Don't lie to me."

"I reckon it is," Stevens said. "Put your pistol down."

"Who else is with you?"

«Kann ich nicht ändern», rief die Frau. «Geh da weg und scher dich nicht um die Weißen!»

Also sind es noch andere außer mir, dachte Stevens. Er dachte, daß Neger oft, ja, fast immer den richtigen Instinkt haben – nicht für das Böse an sich, aber sie erkennen es sofort, wenn es auftaucht. Er kehrte zum Wagen zurück, schaltete die Scheinwerfer aus und nahm die Taschenlampe vom Sitz.

Er entdeckte das Lastauto. Er hielt die Taschenlampe dicht ans Schild und las wieder die gleiche Nummer, die vor neun Tagen vor ihm über den Hügel geflüchtet war. Er schaltete die Lampe aus und steckte sie in die Tasche.

Zwanzig Minuten drauf merkte er, daß er sich wegen des Lichtscheins keine Sorgen hätte zu machen brauchen. Er stand auf dem Pfad zwischen der schwarzen Wand aus Dschungelgestrüpp und dem Fluß, er sah den schwachen Lichtschimmer hinter der Segeltuchwand der Hütte, und er konnte schon die zwei Stimmen unterscheiden: die eine klang kalt, gleichmütig und fest, die andere scharf und hoch. Er stolperte über den Holzstoß und dann über etwas anderes und fand die Tür und stieß sie auf und kam in die Verwüstung der Hütte des Verstorbenen – sah die armseligen, aus den hölzernen Bettgestellen hervorgezerrten Matratzen, den umgekippten Ofen und die umhergeworfenen Kochtöpfe – von wo ihn Tyler Ballenbaugh mit erhobener Pistole musterte und wo der Jüngere halb geduckt über einer umgekippten Kiste stand.

«Geben Sie auf, Gavin!» rief Ballenbaugh.

«Geben Sie selber auf, Tyler!» sagte Stevens. «Sie haben verspielt!»

Der Jüngere erhob sich. Stevens sah, wie das Wiedererkennen in seinen Zügen dämmerte. «Na, da soll doch ...» rief er.

«Ist alles rausgekommen, Gavin?» fragte Ballenbaugh. «Sagen Sie's mir ehrlich, ja?»

«Stimmt», sagte Stevens. «Legen Sie Ihre Pistole hin, Tyler!»

«Wer ist sonst noch bei Ihnen?»

"Enough," Stevens said. "Put your pistol down, Tyler."

"Hell," the younger one said. He began to move; Stevens saw his eyes go swiftly from him to the door behind him. "He's lying. There ain't anybody with him. He's just spying around like he was the other day, putting his nose into business he's going to wish he had kept it out of. Because this time it's going to get bit off."

He was moving toward Stevens, stooping a little, his arms held slightly away from his sides.

"Boyd!" Tyler said. The other continued to approach Stevens, not smiling, but with a queer light, a glitter, in his face. "Boyd!" Tyler said. Then he moved, too, with astonishing speed, and overtook the younger and with one sweep of his arm hurled him back into the bunk. They faced each other – the one cold, still, expressionless, the pistol held before him aimed at nothing, the other half-crouched, snarling.

"What the hell you going to do? Let him take us back to town like two damn sheep?"

"That's for me to decide," Tyler said. He looked at Stevens. "I never intended this, Gavin. I insured his life, kept the premiums paid – yes. But it was good business: If he had outlived me, I wouldn't have had any use for the money, and if I had outlived him, I would have collected on my judgment. There was no secret about it. It was done in open daylight. Anybody could have found out about it. Maybe he told about it. I never told him not to. And who's to say against it anyway? I always fed him when he came to my house, he always stayed as long as he wanted to, come when he wanted to. But I never intended this."

Suddenly the younger one began to laugh, half-crouched against the bunk where the other had flung him. "So that's the tune," he said. "That's

«Genug», sagte Stevens. «Legen Sie die Pistole hin, Tyler!»

«Verflucht», sagte der Jüngere. Er begann sich zu bewegen. Stevens sah, wie seine Augen rasch von ihm zur Tür hinter seinem Rücken huschten.

«Er lügt! Er ist ganz allein! Er schnüffelt nur rum, so wie neulich, und steckt seine Nase in Sachen, wo er schon bald froh wäre, er hätte es nicht getan. Denn diesmal wird sie ihm abgebissen!»

Er näherte sich, ein wenig geduckt, und die Arme etwas vom Körper abgewinkelt.

«Boyd!» sagte Tyler. Der andere kam immer näher an Stevens heran; er lächelte nicht, hatte aber ein seltsames Leuchten im Gesicht, ein Glitzern. «Boyd!» sagte Tyler. Dann kam auch er, mit erstaunlicher Schnelligkeit, überholte den Jüngeren und schleuderte ihn mit einer einzigen Armbewegung in den Bettkasten. Die beiden Brüder starrten sich an – der eine kalt, still, ausdruckslos, mit vorgehaltener Pistole, aber nicht zielend, der andere halb kauernd und nun loskeifend.

«Was machst du bloß, zum Teufel? Er soll uns wohl wie zwei blöde Schafe in die Stadt schleppen?»

«Darüber entscheide ich», antwortete Tyler. Er sah Stevens an. «So hab ich's nie gewollt, Gavin! Ich habe sein Leben versichert, habe die Prämien bezahlt, jawohl. Es war ein reelles Geschäft: wenn er mich überlebte, hätte ich von dem Geld nichts mehr gehabt, und wenn ich ihn überlebte, hätte ich es nach Belieben kassieren können. Es war kein Geheimnis dabei. Alles ging offen und ehrlich zu. Jeder hätte es wissen können. Vielleicht hat er darüber gesprochen. Hab's ihm nie verboten. Und wer sollte was dagegen haben? Hab' ihm immer zu essen gegeben, wenn er in mein Haus kam, er ist immer geblieben, so lange er wollte, und ist gekommen, wann er wollte. Aber das hier – hab ich nie gewollt.»

Da fing auf einmal der Jüngere, der sich halb gegen den Bettkasten duckte, wohin ihn der andere geschleudert hatte, zu lachen an. «Aha, so klingt's jetzt!» sagte er. «So

the way it's going." Then it was not laughter any more, though the transition was so slight or perhaps so swift as to be imperceptible. He was standing now, leaning forward a little, facing his brother. "I never insured him for five thousand dollars! I wasn't going to get —"

"Hush," Tyler said.

"— five thousand dollars when they found him dead on that —"

Tyler walked steadily to the other and slapped him in two motions, palm and back, of the same hand, the pistol still held before him in the other.

"I said, hush, Boyd," he said. He looked at Stevens again. "I never intended this. I don't want that money now, even if they were going to pay it, because this is not the way I aimed for it to be. Not the way I bet. What are you going to do?"

"Do you need to ask that? I want an indictment for murder."

"And then prove it!" the younger one snarled. "Try and prove it! I never insured his life for —"

"Hush," Tyler said. He spoke almost gently, looking at Stevens with the pale eyes in which there was absolutely nothing. "You can't do that. It's a good name. Has been. Maybe nobody's done much for it yet, but nobody's hurt it bad yet, up to now. I have owed no man, I have taken nothing that was not mine. You mustn't do that, Gavin."

"I mustn't do anything else, Tyler."

The other looked at him. Stevens heard him draw a long breath and expel it. But his face did not change at all. "You want your eye for an eye and tooth for a tooth."

"Justice wants it. Maybe Lonnie Grinnup wants it. Wouldn't you?"

76 For a moment longer the other looked at him.
77 Then Ballenbaugh turned and made a quiet gesture

wird jetzt gespielt!» Und dann war es kein Gelächter mehr, aber der Übergang war so geringfügig oder vielleicht so rasch, daß man ihn kaum wahrnahm. Boyd stand jetzt, beugte sich ein wenig vor und starrte seinen Bruder an. «Ich hab ihn nicht für fünftausend Dollar versichert! Ich wollte gar nicht die...»

«Schweig!» rief Tyler.

«... die fünftausend Dollar nicht einkassieren, nachdem sie ihn gefunden hatten, tot an der...»

Tyler trat ruhig auf den andern zu und ohrfeigte ihn zweimal mit Handfläche und Handrücken der gleichen Hand, die Pistole hielt er immer noch vor sich in der anderen.

«Boyd, ich hab gesagt, du sollst schweigen», sagte er. Er sah wieder auf Stevens. «Das hab ich nie gewollt. Jetzt will ich das Geld nicht haben, selbst wenn sie's mir auszahlten, denn so habe ich nicht gewettet. Und was wollen Sie jetzt machen?»

«Müssen Sie das noch fragen? Anzeige wegen Mordes.»

«Das beweisen Sie mal!» fauchte der Jüngere. «Versuchen Sie mal, das zu beweisen! Ich habe sein Leben nicht versichert für...»

«Schweig!» sagte Tyler. Er sprach beinah sanft und sah Stevens mit seinen blassen Augen an, in denen überhaupt nichts zu lesen stand. «Das können Sie nicht tun. Unser Name ist geachtet. Immer schon gewesen. Vielleicht hat keiner je viel für den Namen getan, aber Schande hat ihm bisher auch keiner angetan. Ich habe niemandem etwas geschuldet und nichts genommen, was nicht mir gehörte. Sie dürfen das nicht tun, Gavin!»

«Ich darf nichts anderes tun, Tyler!»

Der Ältere sah ihn an. Stevens hörte, wie er tief Atem schöpfte und wieder ausatmete. Seine Miene aber veränderte sich überhaupt nicht. «Sie verlangen Auge um Auge und Zahn um Zahn.»

«Die Gerechtigkeit verlangt es. Vielleicht verlangt es Lonnie Grinnup. Sie doch auch, nicht wahr?»

Noch einen Augenblick sah der andere ihn an. Dann drehte Ballenbaugh sich um und machte eine ruhige Gebärde

at his brother and another toward Stevens, quiet and peremptory.

Then they were out of the hut, standing in the light from the door; a breeze came up from somewhere and rustled in the leaves overhead and died away, ceased.

At first Stevens did not know what Ballenbaugh was about. He watched in mounting surprise as Ballenbaugh turned to face his brother, his hand extended, speaking in a voice which was actually harsh now: "This is the end of the row. I was afraid from that night when you came home and told me. I should have raised you better, but I didn't. Here. Stand up and finish it."

"Look out, Tyler!" Stevens said. "Don't do that!"

"Keep out of this, Gavin. If it's meat for meat, you want, you will get it." He still faced his brother, he did not even glance at Stevens. "Here," he said. "Take it and stand up."

Then it was too late. Stevens saw the younger one spring back. He saw Tyler take a step forward and he seemed to hear in the other's voice the surprise, the disbelief, then the realization of the mistake. "Drop the pistol, Boyd," he said. "Drop it."

"So you want it back, do you?" the younger said. "I come to you that night and told you you were worth five thousand dollars as soon as somebody happened to look on that trotline, and asked you to give me ten dollars, and you turned me down. Ten dollars, and you wouldn't. Sure you can have it. Take it." It flashed, low against his side; the orange fire lanced downward again as the other fell.

Now it's my turn, Stevens thought. They faced each other; he heard again that brief wind come from somewhere and shake the leaves overhead and fall still.

zu seinem Bruder und dann zu Stevens, ruhig und entschieden.

Dann waren sie draußen vor der Hütte und standen im Licht, das durch die offene Tür fiel; ein Lüftchen schien von irgendwoher zu kommen und rauschte in den Blättern über ihnen und erstarb, legte sich.

Zuerst wußte Stevens nicht, was Ballenbaugh im Sinn hatte. Mit wachsendem Erstaunen sah er zu, wie Ballenbaugh sich umdrehte, um seinen Bruder anzusehen, die Hand ausgestreckt, und mit einer Stimme, die nun wirklich schroff war, zu ihm sagte: «Das ist jetzt das Ende der Geschichte! Ich hatte dauernd Angst, seit du damals in der Nacht nach Hause kamst und es mir erzählt hast. Ich hätte dich besser erziehen sollen, aber ich hab es nicht getan. Hier! Steh dazu und mach Schluß!»

«Achtung, Tyler!» rief Stevens. «Tun Sie das ja nicht!»

«Mischen Sie sich nicht ein, Gavin! Wenn Sie Leben für Leben wollen, sollen Sie's haben.» Er sah noch immer seinen Bruder an. Er warf Stevens keinen einzigen Blick zu. «Hier!» sagte er. «Nimm sie und steh dazu!»

Dann war es zu spät. Stevens sah, wie der Jüngere zurücksprang. Er sah, wie Tyler einen Schritt vortrat, und hörte aus dessen Stimme Überraschung, Unglauben und schließlich die Erkenntnis seines Fehlers. «Runter mit der Pistole, Boyd!» rief er. «Runter damit!»

«Du willst sie also wiederhaben, ja?» sagte der Jüngere. «Ich bin in der Nacht zu dir gekommen und hab dir erzählt, daß du fünftausend Dollar wert bist, sobald jemand einen Blick auf die Flußleine wirft, und hab dich gebeten, mir zehn Dollar zu geben, und du hast mich weggejagt.

Zehn Dollar, und du wolltest nicht! Sollst es haben! Da!» Es blitzte auf, schräg von unten gegen seine Seite. Als der andere fiel, zuckte der rötliche Strahl wieder nach unten.

Jetzt bin ich an der Reihe, dachte Stevens. Sie starrten sich an. Wieder vernahm er von irgendwoher das leise Lüftchen, das in den Blättern über ihnen raschelte und dann verstummte.

"Run while you can, Boyd," he said. "You've done enough. Run, now."

"Sure I'll run. You do all your worrying about me now, because in a minute you won't have any worries. I'll run all right, after I've said a word to smart guys that come sticking their noses where they'll wish to hell they hadn't —"

Now he's going to shoot, Stevens thought, and he sprang. For an instant he had the illusion of watching himself springing, reflected somehow by the faint light from the river, that luminousness which water gives back to the dark, in the air above Boyd Ballenbaugh's head. Then he knew it was not himself he saw, it had not been wind he heard, as the creature, the shape which had no tongue and needed none, which had been waiting nine days now for Lonnie Grinnup to come home, dropped toward the murderer's back with its hands already extended and its body curved and rigid with silent and deadly purpose.

He was in the tree, Stevens thought. The pistol glared. He saw the flash, but he heard no sound.

IV

He was sitting on the veranda with his neat surgeon's bandage after supper when the sheriff of the county came up the walk – a big man, too, pleasant, affable, with eyes even paler and colder and more expressionless than Tyler Ballenbaugh's. "It won't take but a minute," he said, "or I wouldn't have bothered you."

"How bothered me?" Stevens said.

The sheriff lowered one thigh to the veranda rail. "Head feel all right?"

"Feels all right," Stevens said.

"That's good, I reckon you heard where we found Boyd."

«Laufen Sie, Boyd», sagte er. «Sie haben genug angerichtet. Los, laufen Sie weg!»

«Natürlich lauf ich weg. Wenn Sie sich um mich sorgen wollen, dann tun Sie's jetzt, denn gleich haben Sie keine Sorgen mehr. Ich laufe rasch, aber erst sprech ich ein Wörtchen mit den Oberschlauen, die ihre Nase in alles stecken müssen und verdammt schnell wünschen werden, sie hätten's nie getan...»

Jetzt schießt er, dachte Stevens und sprang zu. Eine Sekunde unterlag er der Täuschung, er sähe sich selbst widergespiegelt im matten Lichte des Flusses – in jenem Schimmer, den das Wasser der Finsternis schenkt – über Boyd Ballenbaughs Kopf durch die Luft springen. Dann merkte er, daß nicht er selbst es war, den er springen sah, und daß es nicht der Wind war, was er gehört hatte, denn das Menschenwesen, das keine Sprache besaß und brauchte, das jetzt neun Tage gewartet hatte, daß Lonnie Grinnup heimkehren sollte, fiel nun auf den Rücken des Mörders nieder, die Hände schon ausgebreitet, den Körper gekrümmt und starr in stummer und todbringender Absicht.

Er war im Baum gewesen, dachte Stevens. Die Pistole blinkte. Er sah den Blitz, aber er hörte keinen Laut.

IV

Nach dem Abendessen saß er auf der Veranda, vom Arzt tadellos verbunden, als der Bezirks-Sheriff den Weg heraufkam – auch er war ein großer Mensch, freundlich, liebenswürdig, mit Augen, die noch blasser und kälter und ausdrucksloser waren als die von Tyler Ballenbaugh. «Nur eine Minute brauche ich», sagte er, «sonst hätte ich Sie nicht belästigt.»

«Wieso belästigt?» fragte Stevens.

Der Sheriff setzte sich mit dem einen Schenkel aufs Verandageländer. «Wie geht's dem Kopf?»

«Ganz ordentlich», antwortete Stevens.

«Wie gut! Sie haben wohl schon gehört, wo wir Boyd gefunden haben?»

Stevens looked back at him just as blankly. "I may have," he said pleasantly. "Haven't remembered much today but a headache."

"You told us where to look. You were conscious when I got there. You were trying to give Tyler water. You told us to look on that trotline."

"Did I? Well, well, what won't a man say, drunk or out of his head? Sometimes he's right too."

"You were. We looked on the line, and there was Boyd hung on one of the hooks, dead, just like Lonnie Grinnup was. And Tyler Ballenbaugh with a broken leg and another bullet in his shoulder, and you with a crease in your skull you could hide a cigar in. How did he get on that trotline, Gavin?"

"I don't know," Stevens said.

"All right. I'm not sheriff now. How did Boyd get on that trotline?"

"I don't know."

The sheriff looked at him; they looked at each other. "Is that what you answer any friend that asks?"

"Yes. Because I was shot, you see. I don't know."

The sheriff took a cigar from his pocket and looked at it for a time. "Joe – that deaf-and-dumb boy Lonnie raised – seems to have gone away at last. He was still around there last Sunday, but nobody has seen him since. He could have stayed. Nobody would have bothered him."

"Maybe he missed Lonnie too much to stay," Stevens said.

"Maybe he missed Lonnie." The sheriff rose. He bit the end from the cigar and lit it. "Did that bullet cause you to forget this too? Just what made you suspect something was wrong? What was it the rest of us seem to have missed?"

Stevens sah ihn genauso ausdruckslos an. «Kann sein», sagte er scherzend. «Kann mich heute an manches nicht erinnern, mein Kopfweh ausgenommen.»

«Sie haben uns gesagt, wo wir suchen sollten. Sie waren bei Bewußtsein als ich hinkam. Sie versuchten gerade, Tyler Wasser zu geben. Sie sagten zu uns, wir sollten an der Flußleine nachsehen!»

«Wirklich? Was einer nicht alles sagt, wenn er betrunken oder benommen ist. Manchmal hat er sogar recht.»

«Sie hatten recht. Wir sahen an der Leine nach, und da hing Boyd genau wie Lonnie Grinnup an einem von den Haken aufgehängt, tot. Tyler Ballenbaugh lag da mit zerschmettertem Bein und noch einer Kugel in der Schulter, und Sie mit einer Furche im Schädeldach, so tief, daß man eine Zigarre drin verstecken kann. Gavin, wie ist er an die Flußleine gekommen?»

«Das weiß ich nicht!» sagte Stevens.

«Meinetwegen. Und jetzt bin ich nicht mehr Sheriff. Wie ist Boyd an die Flußleine geraten?»

«Das weiß ich nicht.»

Der Sheriff sah ihn an. Sie sahen einander an. «Ist das die Antwort, die Sie einem Ihrer Freunde geben würden, wenn er Sie fragte?»

«Ja. Weil ich nämlich getroffen wurde. Ich weiß es nicht.»

Der Sheriff zog eine Zigarre aus der Tasche und betrachtete sie ein Weilchen. «Joe – der junge Taubstumme, den Lonnie aufgezogen hat – scheint endlich fort zu sein. Letzten Sonntag war er noch dort in der Nähe, aber seither hat ihn niemand mehr gesehen. Er hätte bleiben können. Keiner hätte ihm etwas zuleide getan.»

«Vielleicht hat er Lonnie zu sehr vermißt, um bleiben zu können», sagte Stevens.

«Vielleicht hat er Lonnie vermißt.» Der Sheriff stand auf. Er biß die Spitze seiner Zigarre ab und zündete sie sich an. «Vielleicht war die Kugel auch schuld daran, daß Sie das Voraufgegangene vergessen haben? Wodurch haben Sie Verdacht geschöpft, etwas könnte nicht stimmen? Was war es, das wir andern anscheinend übersehen haben?»

"It was that paddle," Stevens said.

"Paddle?"

"Didn't you ever run a trotline, a trotline right at your camp? You don't paddle, you pull the boat hand over hand along the line itself from one hook to the next. Lonnie never did use his paddle; he even kept the skiff tied to the same tree his trotline was fastened to, and the paddle stayed in his house. If you had ever been there, you wouldn't have seen it. But the paddle was in the skiff when that boy found it."

«Das Paddel!» sagte Stevens.

«Das Paddel?»

«Haben Sie nie eine Flußleine gespannt? Eine Flußleine genau vor Ihrem Liegeplatz? Da paddelt man nicht hin; man zieht das Boot und sich selbst an der Leine entlang, eine Hand nach der anderen, immer von einem Haken zum nächsten. Lonnie hat sein Paddel nie benutzt; er band den Kahn sogar immer am gleichen Baum fest, an dem auch die Leine festgemacht war; das Paddel blieb in der Hütte. Wenn Sie mal bei ihm gewesen wären, hätten Sie's gesehen. Aber das Paddel lag im Kahn, als der Junge ihn holte.»

Monk

I will have to try to tell about Monk. I mean, actually try – a deliberate attempt to bridge the inconsistencies in his brief and sordid and unoriginal history, to make something out of it, not only with the nebulous tools of supposition and inference and invention, but to employ these nebulous tools upon the nebulous and inexplicable material which he left behind him.

Because it is only in literature that the paradoxical and even mutually negativing anecdotes in the history of a human heart can be juxtaposed and annealed by art into verisimilitude and credibility.

He was a moron, perhaps even a cretin; he should never have gone to the penitentiary at all. But at the time of his trial we had a young District Attorney who had his eye on Congress, and Monk had no people and no money and not even a lawyer, because I don't believe he ever understood why he should need a lawyer or even what a lawyer was, and so the Court appointed a lawyer for him, a young man just admitted to the bar, who probably knew but little more about the practical functioning of criminal law than Monk did, who perhaps pleaded Monk guilty at the direction of the Court or maybe forgot that he could have entered a plea of mental incompetence, since Monk did not for one moment deny that he had killed the deceased. They could not keep him from affirming or even reiterating it, in fact. He was neither confessing nor boasting. It was almost as though he were trying to make a speech, to the people who held him beside the body until the deputy got there, to the deputy and to the jailor and to the other prisoners – the casual niggers picked up for gambling or va-

Monk

Ich muß versuchen, von Monk zu erzählen. Ich meine buchstäblich versuchen – einen gut durchdachten Versuch unternehmen, die Widersprüche in seiner kurzen und erbärmlichen und wenig eigenartigen Geschichte zu überbrücken, etwas daraus zu machen, und zwar nicht nur mit den ungenauen Werkzeugen Vermutung, Folgerung und Erfindung, sondern indem ich mit ungenauem Werkzeug das unklare, unerklärliche Material bearbeite, das er zurückgelassen hat. Nur in der Literatur können die widersprüchlichen, sich gegenseitig widerlegenden Vorkommnisse in der Geschichte eines menschlichen Herzens durch die Kunst zu Wahrscheinlichkeit und Glaubwürdigkeit einander zugeordnet und verschmolzen werden.

Er war zurückgeblieben, vielleicht sogar schwachsinnig; er hätte überhaupt nicht ins Zuchthaus geschickt werden dürfen. Doch zur Zeit seines Prozesses hatten wir einen jungen Staatsanwalt, der gern einen Sitz im Kongreß gehabt hätte, und Monk hatte keine Angehörigen und kein Geld und nicht einmal einen Anwalt, denn ich glaube nicht, daß er je begriff, weshalb er einen Anwalt benötigen könnte oder auch nur, was ein Anwalt war, und daher bestimmte das Gericht einen Anwalt für ihn, einen jungen Mann, der gerade erst am Gericht zugelassen war und wahrscheinlich nicht viel mehr über die tatsächliche Wirksamkeit der Strafgesetze wußte als Monk, und der Monk vielleicht auf Anweisung des Gerichts als schuldig erkannte oder vielleicht vergaß, daß er einen Antrag auf geistige Unzurechnungsfähigkeit hätte einreichen können, da Monk keine Sekunde leugnete, den Verstorbenen getötet zu haben. Ja, man konnte ihn nicht hindern, es tatsächlich zu bestätigen oder zu wiederholen. Es war kein Bekennen und auch kein Prahlen. Es war beinahe, als versuchte er, eine Ansprache zu halten – an die Leute, die ihn neben der Leiche festhielten, bis der Deputy kam, und an den Gefängniswärter und an die andern Gefangenen – vereinzelte Nigger, die wegen Glücksspiels oder Vagabundierens

grancy or for selling whiskey in alleys – and to the J. P. who arraigned him and the lawyer appointed by the Court, and to the Court and the jury. Even an hour after the killing he could not seem to remember where it had happened; he could not even remember the man whom he affirmed that he had killed; he named as his victim (this on suggestion, prompting) several men who were alive, and even one who was present in the J. P.'s office at the time. But he never denied that he had killed somebody. It was not insistence; it was just a serene reiteration of the fact in that voice bright, eager, and sympathetic while he tried to make his speech, trying to tell them something of which they could make neither head nor tail and to which they refused to listen. He was not confessing, not trying to establish grounds for lenience in order to escape what he had done. It was as though he were trying to postulate something, using this opportunity to bridge the hitherto abyss between himself and the living world, the world of living men, the ponderable and travailing earth – as witness the curious speech which he made on the gallows five years later.

But then, he never should have lived, either. He came – emerged: whether he was born there or not, no one knew – from the pine hill country in the eastern part of our county: a country which twenty-five years ago (Monk was about twenty-five) was without road almost and where even the sheriff of the county did not go – a country impenetrable and almost uncultivated and populated by a clannish people who owned allegiance to no one and no thing and whom outsiders never saw until a few years back when good roads and automobiles penetrated the green fastnesses where the denizens with their corrupt Scotch-Irish names intermarried and made whiskey and shot at all

eingelocht waren, oder weil sie Whisky in den Hinterhöfen verkauft hatten – und an den Friedensrichter, der ihn vor Gericht stellte, und an den vom Gericht bestimmten Anwalt und an den Gerichtshof und die Geschworenen. Schon eine Stunde nach dem Mord schien er sich nicht mehr erinnern zu können, wo es geschehen war; er konnte sich nicht einmal an den Mann erinnern, den getötet zu haben er dauernd bestätigte; er nannte als sein Opfer mehrere Männer (und das nur mit Unterstützung und Vorsagen), Männer, die noch am Leben waren, und sogar einen, der um die Zeit im Amtszimmer des Friedensrichters saß. Doch nie leugnete er, getötet zu haben. Es war keine Hartnäckigkeit; es war einfach die gelassene Wiederholung der Tatsache, mit klarer und eifriger und sogar angenehmer Stimme, während er gleichzeitig versuchte, seine Ansprache zu halten und ihnen etwas zu sagen, woraus sie nicht klug wurden und das anzuhören sie sich weigerten. Er legte kein Geständnis ab, er versuchte nicht, mildernde Umstände zugebilligt zu bekommen, um sich den Folgen seiner Tat zu entziehen. Es war, als versuche er, etwas vorzubringen, und benütze die Gelegenheit, um den bisherigen Abgrund zwischen sich und der Welt zu überbrücken – der Welt lebender Menschen, der wägbaren und kreißenden Erde –, wie es die merkwürdige Ansprache bezeugt, die er fünf Jahre später vor dem Galgen hielt.

Doch eigentlich hätte er überhaupt nie leben sollen. Er kam – tauchte auf: ob er dort geboren war oder nicht, weiß keiner –, tauchte auf aus dem Bergland im östlichen Teil unseres Staates, einem mit Kiefern bestandenen Land, in dem es vor fünfundzwanzig Jahren (Monk war etwa fünfundzwanzig) fast noch keine Landstraßen gab und wohin sich sogar der Sheriff des Landes niemals wagte, ein undurchdringliches Land, fast unbebaut und von einem sippenbewußten Volk bewohnt, das sich nichts und niemandem verpflichtet fühlte und das die außerhalb lebenden Menschen erst zu sehen bekamen, als vor ein paar Jahren gute Straßen und Automobile in die grünen Bollwerke eindrangen, in denen die Bewohner mit ihren verschandelten schottisch-irischen Namen untereinander heirateten und illegalen

strangers from behind log barns and snake fences. It was the good roads and the fords which not only brought Monk to Jefferson but brought the half-rumored information about his origin. Because the very people among whom he had grown up seemed to know almost as little about him as we did – a tale of an old woman who lived like a hermit, even among those fiercely solitary people, in a log house with a loaded shotgun standing just inside the front door, and a son who had been too much even for that country and people, who had murdered and fled, possibly driven out, where gone none knew for ten years, when one day he returned, with a woman – a woman with hard, bright, metallic, city hair and a hard, blonde, city face seen about the place from a distance, crossing the yard or just standing in the door and looking out upon the green solitude with an expression of cold and sullen and unseeing inscrutability: and deadly, too, but as a snake is deadly, in a different way from their almost conventional ritual of warning and then powder. Then they were gone. The others did not know when they departed nor why, any more than they knew when they had arrived nor why. Some said that one night the old lady, Mrs. Odlethrop, had got the drop on both of them with the shotgun and drove them out of the house and out of the country.

But they were gone; and it was months later before the neighbors discovered that there was a child, an infant, in the house; whether brought there or born there – again they did not know. This was Monk; and the further tale how six or seven *years* later they began to smell the body and some of them went into the house where old Mrs. Odlethrop had been dead for a week and found a small creature in a single shift made from bedticking trying to raise the shotgun from its corner beside the

Whisky brauten und hinter Holzschuppen und Flechtzäunen hervor auf jeden Fremden schossen. Und die guten Landstraßen und die Ford-Autos waren es, die nicht nur Monk nach Jefferson brachten, sondern auch gerüchtartige Nachrichten über seine Herkunft. Denn selbst die Leute, unter denen er aufgewachsen war, schienen über ihn fast ebenso wenig zu wissen wie wir: eine Geschichte von einer alten Frau, die sogar unter diesen grimmig-einsamen Menschen wie eine Einsiedlerin gelebt hatte – in einem Blockhaus mit einem geladenen Gewehr gleich hinter der Tür – und von einem Sohn, der selbst für dieses Land und diese Leute eine Zumutung war, der gemordet hatte und geflohen war, vielleicht fortgejagt, wohin – das wußte zehn Jahre lang kein Mensch, bis er eines Tages mit einer Frau zurückkehrte, einer Frau mit hartem, grellem, metallischem Großstadthaar und einem harten, hellen Großstadtgesicht, die man auch aus der Entfernung auf dem Anwesen hatte sehen können, wenn sie über den Hof ging oder auch nur in der Tür stand und in die grüne Einsamkeit sah: mit einer kalten, mürrischen, blicklosen – und tödlichen Unergründlichkeit darüber hinsah; und zwar tödlich wie eine Schlange, also auf andere Art als gemäß dem dort fast traditionellen Brauch, zu warnen und dann zu schießen. Dann waren sie nicht mehr da. Die andern wußten nicht, wann sie aufgebrochen waren oder warum, sowenig sie wußten, wann sie angekommen waren und warum. Manche sagten, die alte Frau, Mrs. Odlethrop, sei eines Abends den beiden mit dem Gewehr entgegengetreten und habe sie aus dem Haus und der Gegend gejagt.

Jedenfalls waren sie nicht mehr da; erst Monate später entdeckten die Nachbarn, daß ein Kind im Haus war, ein Säugling: ob mitgebracht oder dort geboren, das wußten sie auch wieder nicht. Dieses Kind war Monk; und weiter erzählte man sich, wie sie sechs oder sieben Monate später die Leiche gerochen hätten und wie einige von ihnen ins Haus gegangen seien, wo die alte Mrs. Odlethrop schon seit einer Woche tot lag, und wie sie ein kleines Menschenkind, mit nur einem Hemd aus Inlet bekleidet, gefunden hätten, das aus der Ecke hinter der Haustür das Gewehr herbeizuschlep-

door. They could not catch Monk at all. That ist, they failed to hold him that first time, and they never had another chance. But he did not go away. They knew that he was somewhere watching them while they prepared the body for burial, and that he was watching from the undergrowth while they buried it. They never saw him again for some time, though they knew that he was about the place, and on the following Sunday they found where he had been digging into the grave, with sticks and with his bare hands. He had a pretty big hole by then, and they filled it up and that night some of them lay in ambush for him, to catch him and give him food. But again they could not hold him, the small furious body (it was naked now) which writhed out of their hands as if it had been greased, and fled with no human sound. After that, certain of the neighbors would carry food to the deserted house and leave it for him. But they never saw him. They just heard, a few months later, that he was living with a childless widower, an old man named Fraser who was a whiskey maker of wide repute. He seems to have lived there for the next ten years, until Fraser himself died. It was probably Fraser who gave him the name which he brought to town with him, since nobody ever knew what old Mrs. Odlethrop had called him, and now the country got to know him or become familiar with him, at least – a youth not tall and already a little pudgy, as though he were thirty-eight instead of eighteen, with the ugly, shrewdly foolish, innocent face whose features rather than expression must have gained him his nickname, who gave to the man who had taken him up and fed him the absolute and unquestioning devotion of a dog and who at eighteen was said to be able to make Fraser's whiskey
92 as well as Fraser could.

93 That was all that he had ever learned to do – to

pen versuchte. Sie konnten Monk nicht einfangen. Das heißt, beim erstenmal gelang es ihnen nicht, ihn festzuhalten, und nachher bot sich nie wieder eine Gelegenheit. Doch er ging nicht fort. Sie wußten, daß er sich irgendwo versteckte und sie beobachtete, während sie die Leiche für die Beerdigung zurechtmachten, und daß er ihnen aus dem Dikkicht zuschaute, als sie die alte Frau beerdigten. Eine Weile sahen sie ihn nicht mehr, wenn sie auch wußten, daß er sich in der Nähe aufhielt, denn am folgenden Sonntag entdeckten sie, daß er sich mit Stöcken und seinen bloßen Händen ins Grab hineingewühlt hatte. Er hatte bereits ein ziemlich großes Loch gegraben; sie füllten es wieder zu, und in der Nacht lauerten ihm einige Leute auf, um ihn zu fangen und ihm Essen zu geben. Doch sie konnten ihn wieder nicht festhalten; der wilde kleine Körper (er war jetzt nackt) entwand sich ihren Händen, als wäre er eingefettet, und er floh und stieß tierische Laute aus. Von da an trugen ein paar Nachbarn etwas Essen in das verlassene Haus und ließen es dort für ihn stehen. Doch sie bekamen ihn nie zu Gesicht. Ein paar Monate später hörten sie dann, daß er bei einem kinderlosen Witwer lebte, bei einem alten Mann namens Fraser, der wegen seines selbstgebrannten Whiskys weit und breit bekannt war. Dort scheint er während der nächsten zehn Jahre gelebt zu haben, bis auch der alte Fraser starb. Wahrscheinlich gab ihm Fraser den Namen [Mönch], den er in die Stadt mitbrachte, denn keiner erfuhr jemals, wie ihn die alte Mrs. Odlethrop genannt hatte, und nun lernte man ihn in der Umgebung kennen oder wurde wenigstens mit seiner Erscheinung vertraut; ein junger Bursche, nicht groß und schon ein wenig fett, als wäre er achtunddreißig anstatt achtzehn, mit dem häßlichen, verschmitzt dummen, unschuldigen Gesicht, dessen Schnitt (mehr als dessen Ausdruck) ihm wohl seinen Spitznamen eingetragen hatte. An dem Mann, der ihn aufgenommen hatte und ernährte, hing er mit der unbedingten und vertrauensvollen Ergebenheit eines Kindes, und mit achtzehn Jahren konnte er bereits, wie es hieß, so guten Fraser-Whisky brennen wie Fraser selbst.

Das war alles, was er je gelernt hatte: Whisky herstellen

make and sell whiskey where it was against the law and so had to be done in secret, which further increases the paradox of his public statement when they drew the black cap over his head for killing the warden of the penitentiary five years later. That was all he knew: that, and fidelity to the man who fed him and taught him what to do and how and when; so that after Fraser died and the man, whoever it was, came along in the truck or the car and said, "All right, Monk. Jump in," he got into it exactly as the homeless dog would have, and came to Jefferson. This time it was a filling station two or three miles from town, where he slept on a pallet in the back room, what time the pallet was not already occupied by a customer who had got too drunk to drive his car or walk away, where he even learned to work the gasoline pump and to make correct change, though his job was mainly that of remembering just where the half-pint bottles were buried in the sand ditch five hundred yards away.

He was known about town now, in the cheap, bright town clothes for which he had discarded his overalls – the colored shirts which faded with the first washing, the banded straw hats which dissolved at the first shower, the striped shoes which came to pieces on his very feet – pleasant, impervious to affront, talkative when anyone would listen, with that shrewd, foolish face, that face at once cunning and dreamy, pasty even beneath the sunburn, with that curious quality of imperfect connection between sense and ratiocination. The town knew him for seven years until that Saturday midnight and the dead man (he was no loss to anyone, but then as I said, Monk had neither friends, money, nor lawyer) lying on the ground behind the filling station and Monk standing there with the pistol in his hand – there were

und verkaufen, wo es gesetzlich verboten war und deshalb heimlich vor sich gehen mußte, was noch mehr das Paradoxe in seiner öffentlichen Erklärung verstärkte, als sie ihm fünf Jahre später die schwarze Kapuze über den Kopf zogen, weil er den Aufseher des Zuchthauses umgebracht hatte. Das war also alles, worauf er sich verstand: das und die treue Anhänglichkeit an den Mann, der ihn ernährte und unterwies, was er zu tun habe, und wo und wann; so daß Monk, nachdem der alte Fraser gestorben war und der Mann, wer immer er sein mochte, mit dem Lastwagen oder Auto kam und sagte: «So, Monk, nun spring mal rein!», genauso hineinsprang, wie es ein herrenloser Hund getan haben würde, und nach Jefferson kam. Diesmal war's eine Tankstelle zwei oder drei Meilen vor der Stadt, wo er im Hinterzimmer auf einer Matratze schlief, falls sie nicht gerade von einem Kunden eingenommen wurde, der zu betrunken war, um weiterzufahren oder seines Wegs zu gehen; dort lernte er sogar, mit der Zapfsäule umzugehen und das Wechselgeld richtig herauszugeben, obwohl seine Pflichten hauptsächlich darin bestanden, sich zu erinnern, an welcher Stelle in der fünfhundert Meter entfernten Sandmulde die Viertel-Liter-Flaschen versteckt lagen. In der Stadt kannte man ihn jetzt in seinen billigen, grellen städtischen Kleidern, denen zuliebe er seinen Overall abgelegt hatte – farbige Hemden, die bei der ersten Wäsche ausblichen, die mit einem Band geschmückten Strohhüte, die sich nach dem ersten Regenguß auflösten, gestreifte Schuhe, die ihm an den Füßen in Stücke fielen – freundlich, unempfänglich für Beleidigungen, gesprächig, falls jemand zuhören wollte, und immer mit dem verschmitzt dummen Gesicht, diesem gleichzeitig verschlagenen und verträumten Gesicht, das trotz dem Sonnenbraun teigig wirkte, und dazu seine Eigenart, nicht von der Erkenntnis zur logischen Folgerung fortschreiten zu können. Das Städtchen kannte ihn volle sieben Jahre, bis zu jenem Samstag um Mitternacht, als der Ermordete (keiner trauerte ihm nach, doch Monk hatte, wie ich schon sagte, weder Freunde noch Geld noch einen Anwalt) hinter der Tankstelle auf der Erde lag und Monk mit der Pistole in der Hand daneben stand – es

two others present, who had been with the dead man all evening – trying to tell the ones who held him and then the deputy himself whatever it was that he was trying to say in his eager, sympathetic voice, as though the sound of the shot had broken the barrier behind which he had lived for twenty-five years and that he had now crossed the chasm into the world of living men by means of the dead body at his feet.

Because he had no more conception of death than an animal has – of that of the man at his feet nor the warden's later nor of his own. The thing at his feet was just something that would never walk or talk or eat again and so was a source neither of good nor harm to anyone; certainly not of good nor use. He had no comprehension of bereavement, irreparable finality. He was sorry for it, but that was all. I don't think he realized that in lying there it had started a train, a current of retribution that someone would have to pay. Because he never denied that he had done it, though the denial would have done him no good, since the two companions of the dead man were there to testify against him. But he did not deny it, even though he was never able to tell what happened, what the quarrel was about, nor (as I said), later, even where it had occurred and who it was that he had killed, stating once (as I also said) that his victim was a man standing at the moment in the crowd which had followed him into the J. P.'s office. He just kept on trying to say whatever it was that had been inside him for twenty-five years and that he had only now found the chance (or perhaps the words) to free himself of, just as five years later on the scaffold he was to get it (or something else) said at last, establishing at last that contact with the
96 old, fecund, ponderable, travailing earth which he
97 wanted but had not been able to tell about because

waren noch zwei andere Männer da, die den ganzen Abend mit dem Toten verbracht hatten – und versuchte, denen, die ihn festhielten, und dann dem Deputy selbst zu sagen, was immer er ihnen mit seiner eifrigen, angenehmen Stimme mitteilen wollte – als hätte das Geräusch des abgefeuerten Schusses die Schranke durchbrochen, hinter der er fünfundzwanzig Jahre lang gelebt hatte, und als hätte er jetzt, mit Hilfe des Toten zu seinen Füßen, die Kluft zwischen sich und der Welt der Lebenden überbrückt.

Er hatte nämlich ebensowenig wie ein Tier eine Vorstellung vom Tode – weder vom Tode des Mannes zu seinen Füßen noch später vom Tode des Gefängnisaufsehers noch von seinem eigenen Tod. Das Ding ihm zu Füßen war einfach etwas, das nie wieder laufen oder sprechen oder essen würde und daher keinem Menschen mehr etwas Gutes oder Böses antun konnte, ganz bestimmt nichts Gutes oder Nützliches. Er konnte nicht begreifen, was Verlust, was unwiderrufliche Endgültigkeit bedeutet. Es tat ihm leid, und das war alles. Ich glaube, er begriff nicht, daß das Ding durch sein Dortliegen eine Folge, eine Flut von Vergeltungen ausgelöst hatte, für die jemand zahlen mußte. Er leugnete nie, es getan zu haben; freilich hätte ihm das Leugnen nichts geholfen weil die beiden Kumpane des Toten da waren und gegen ihn aussagten. Doch er leugnete es gar nicht; aber er konnte auch nie erzählen, was geschehen und worum es in dem Streit gegangen war, auch (wie ich schon sagte) später nicht, auch nicht, wo er stattgefunden hatte und wer es war, den er ermordet hatte, da er ja (wie ich schon sagte) einmal behauptete, sein Opfer sei ein Mann, der da gerade in der Menge stand, die ihm ins Amtszimmer des Friedensrichters gefolgt war. Er versuchte nur dauernd zu sagen, was es war, das seit fünfundzwanzig Jahren in ihm gesteckt hatte und das loszuwerden er jetzt die Gelegenheit (oder vielleicht die Worte) gefunden hatte – genau wie er es fünf Jahre später auf dem Schafott endlich sagen konnte, das gleiche oder etwas anderes, als er endlich den Zusammenhang mit der alten, fruchtbaren, greifbaren, gebärenden Erde herstellte, von dem er hatte sprechen wollen und noch nicht können, weil

only then had they told him how to say what it was that he desired. He tried to tell it to the deputy who arrested him and to the J. P. who arraigned him; he stood in the courtroom with that expression on his face which people have when they are waiting for a chance to speak, and heard the indictment read: ...... *against the peace and dignity of the Sovereign State of Mississippi, that the aforesaid Monk Odlethrop did willfully and maliciously and with premeditated* – and interrupted, in a voice reedy and high, the sound of which in dying away left upon his face the same expression of amazement and surprise which all our faces wore:

"My name ain't Monk; it's Stonewall Jackson Odlethrop."

You see? If it were true, he could not have heard it in almost twenty years since his grandmother (if grandmother she was) had died: and yet he could not even recall the circumstances of one month ago when he had committed a murder. And he could not have invented it. He could ot have known who Stonewall Jackson was, to have named himself. He had been to school in the country, for one year. Doubtless old Fraser sent him, but he did not stay. Perhaps even the first-grade work in a country school was too much for him. He told my uncle about it when the matter of his pardon came up. He did not remember just when, nor where the school was, nor why he had quit. But he did remember being there, because he had liked it. All he could remember was how they would all read together out of the books. He did not know what they were reading, because he did not know what the book said; he could not even write his name now. But he said it was fine to hold the book and hear all the voices together and then to feel (he said he could not hear his own voice) his voice too, along with the others, by the way his throat would buzz, he

ihm erst da gesagt wurde, wie das, wonach er sich sehnte, zu benennen war. Er versuchte es dem Amtsdiener zu sagen, der ihn verhaftete, und dem Friedensrichter, der ihn vor Gericht stellte; er stand im Gerichtssaal, und sein Gesicht hatte einen Ausdruck, wie ihn Leute haben, die auf eine Gelegenheit zum Sprechen warten, und hörte, wie die Anklageschrift verlesen wurde ... *gegen den Frieden und die Würde des souveränen Staates Mississippi, den der vorerwähnte Monk Odlethrop vorsätzlich und böswillig und mit wohlüberlegter* – und unterbrach mit einer schrillen und hohen Stimme, deren Klang, als er verhallte, auf seinem Gesicht den gleichen erstaunten und überraschten Ausdruck hinterließ, den auch unser aller Gesichter zeigten.

«Ich heiße nicht Monk; ich heiße Stonewall Jackson Odlethrop.»

Versteht ihr? Wenn das stimmte, konnte er es seit fast zwanzig Jahren nicht gehört haben, seit seine Großmutter starb (falls es seine Großmutter war); andererseits konnte er sich nicht einmal an die Ereignisse im vergangenen Monat erinnern, wo er einen Mord verübt hatte. Er konnte nicht gewußt haben, wer [der General] Stonewall Jackson war, und sich nach ihm benannt haben. Auf dem Lande war er ein Jahr lang in die Schule gegangen. Bestimmt hatte ihn der alte Fraser hingeschickt, aber er blieb nicht. Vielleicht war sogar der Unterricht der ersten Klasse einer Dorfschule zu hoch für ihn. Er erzählte meinem Onkel davon, als die Sache mit der Begnadigung aufkam. Er wußte nicht mehr, wann er die Schule besucht hatte und wo sie war und warum er abgegangen war. Doch er wußte, daß er dort gewesen war, denn es hatte ihm gefallen. Alles, woran er sich erinnern konnte, war, wie sie alle zusammen laut aus Büchern lasen. Er wußte nicht, was sie gelesen hatten, denn er hatte den Sinn nicht verstanden; er konnte jetzt nicht einmal mehr seinen Namen schreiben. Doch er sagte, es sei schön, das Buch in der Hand zu halten und alle die Stimmen gleichzeitig zu hören und dann mit den andern zusammen auch seine eigene Stimme zu fühlen (er sagte, er könne seine eigene Stimme nicht hören), nämlich dadurch, daß seine Kehle summte, wie er

called it. So he could never have heard of Stonewall Jackson. Yet there it was, inherited from the earth, the soil, transmitted to him through a self-pariahed people – something of bitter pride and indomitable undefeat of a soil and the men and women who trod upon it and slept within it.

They gave him life. It was one of the shortest trials ever held in our county, because, as I said, nobody regretted the deceased and nobody except my Uncle Gavin seemed to be concerned about Monk. He had never been on a train before. He got on, handcuffed to the deputy, in a pair of new overalls which someone, perhaps the sovereign state whose peace and dignity he had outraged, had given him, and the still new, still pristine, gaudy-banded, imitation Panama hat (it was still only the first of June, and he had been in jail six weeks) which he had just bought during the week of the fatal Saturday night.

He had the window side in the car and he sat there looking at us with his warped, pudgy, foolish face, waving the fingers of the hand, the free arm propped in the window until the train began to move, accelerating slowly, huge and dingy as the metal gangways clashed, drawing him from our sight hermetically sealed and leaving upon us a sense of finality more irrevocable than if we had watched the penitentiary gates themselves close behind him, never to open again in his life, the face looking back at us, craning to see us, wan and small behind the dingy glass, yet wearing that expression questioning yet unalarmed, eager, serene, and grave.

Five years later one of the dead man's two companions on that Saturday night, dying of pneumonia and whiskey, confessed that he had fired the shot and thrust the pistol into Monk's hand, telling Monk to look at what he had done.

es nannte. Er konnte also nie von Stonewall Jackson gehört haben. Und doch war da etwas, ererbt von der Erde, vom Boden, ihm übermittelt von einem Volk freiwillig Dienender – eine Verkörperung des bitteren Stolzes und der unbeugsamen Unbesiegbarkeit eines Bodens und der Männer und Frauen, die über ihn hingingen und in ihm schliefen.

Er erhielt lebenslänglich Zuchthaus. Es war eine der kürzesten Gerichtsverhandlungen in unserem Bezirk, denn wie gesagt: niemand trauerte dem Verstorbenen nach, und niemand außer meinem Onkel Gavin schien sich um Monk Gedanken zu machen. Er war noch nie Zug gefahren. Mit Handschellen an den Beamten gefesselt stieg er ein, in einem neuen Overall, den ihm jemand geschenkt hatte, vielleicht der souveräne Staat, dessen Frieden und Würde er verletzt hatte, und mit dem neuen altmodischen, bunt bebänderten unechten Panamahut (es war erst Anfang Juni, er war sechs Wochen in Untersuchungshaft gewesen), den er sich gerade in der Woche mit der verhängnisvollen Samstagnacht gekauft hatte.

Im Waggon hatte er einen Fensterplatz; er sah mit seinem schiefen, schwammigen, törichten Gesicht auf uns herab und winkte mit den Fingern der einen Hand, denn der nicht gefesselte Arm stützte sich ins Fenster, bis der Zug anfuhr und langsam Fahrt bekam, klobig und schmutzig, unter dem Krachen der eisernen Verbindungsstege, und ihn so unseren Blicken entzog, aus und vorbei, und uns mit einem Gefühl der Endgültigkeit zurückließ, das viel stärker war, als wenn wir zugesehen hätten, wie sich die Zuchthaustore hinter ihm schlossen, um sich nie mehr für ihn zu öffnen; mit gerecktem Hals, um uns zu sehen, schaute er auf uns zurück, blaß und klein hinter der schmutzigen Scheibe, immer noch mit dem fragenden aber nicht erschrockenen Ausdruck, eifrig, freundlich, ernst.

Fünf Jahre später gestand einer der beiden Kumpane jener Samstagnacht, dessen Leben durch eine Lungenentzündung und den Whisky ein Ende fand, er habe den Schuß abgefeuert, Monk die Pistole in die Hand gedrückt und ihm gesagt, er solle sich anschauen, was er, Monk, da angerichtet habe.

My Uncle Gavin got the pardon, wrote the petition, got the signatures, went to the capitol and got it signed and executed by the Governor, and took it himself to the penitentiary and told Monk that he was free. And Monk looked at him for a minute until he understood, and cried. He did not want to leave. He was a trusty now; he had transferred to the warden the same doglike devotion which he had given to old Fraser. He had learned to do nothing well, save manufacture and sell whiskey, though after he came to town he had learned to sweep out the filling station. So that's what he did here; his life now must have been something like that time when he had gone to school. He swept and kept the warden's house as a woman would have, and the warden's wife had taught him to knit; crying, he showed my uncle the sweater which he was knitting for the warden's birthday and which would not be finished for weeks yet.

So Uncle Gavin came home. He brought the pardon with him, though he did not destroy it, because he said it had been recorded and that the main thing now was to look up the law and see if a man could be expelled from the penitentiary as he could from a college. But I think he still hoped that maybe some day Monk would change his mind; I think that's why he kept it. Then Monk did set himself free, without any help. It was a week after Uncle Gavin had talked to him; I don't think Uncle Gavin had even decided where to put the pardon for safekeeping, when the news came. It was a headline in the Memphis papers next day, but we got the news that night over the telephone: how Monk Odlethrop, apparently leading an abortive jailbreak, had killed the warden with the warden's own pistol, in cold blood. There was no doubt this
102 time; fifty men had seen him do it, and some of
103 the other convicts overpowered him and took the

Mein Onkel Gavin erwirkte die Begnadigung; er schrieb das Bittgesuch und brachte die Unterschriften zusammen, ging zum Regierungsgebäude unserer Hauptstadt und bekam es vom Gouverneur zurück, rechtskräftig unterschrieben, brachte es selbst zum Zuchthaus und sagte zu Monk, er sei frei. Monk sah ihn eine Minute lang an, bis er begriff, dann begann er zu weinen. Er wollte nicht weg. Er war Kalfaktor geworden; er hatte die gleiche hündische Ergebenheit, die er dem alten Fraser entgegengebracht hatte, auf seinen Aufseher übertragen. Außer dem Brennen und dem Verkauf von Whisky hatte er nichts richtig erlernt – nun ja: als er in die Stadt gekommen war, das Ausfegen der Tankstelle. Das gleiche tat er hier; sein Leben war gewiß so ähnlich wie damals, als er noch in die Schule ging. Er fegte und pflegte das Haus des Aufsehers, wie es eine Frau nicht besser gekonnt hätte, und die Frau des Aufsehers hatte ihm das Stricken beigebracht; weinend zeigte er meinem Onkel den Sweater, den er dem Aufseher zum Geburtstag strickte und an dem er noch wochenlang zu arbeiten hatte.

Daher fuhr Onkel Gavin wieder nach Hause; er hatte die Begnadigung mitgenommen, sie aber nicht vernichtet, denn er sagte, sie sei eingetragen, und die Hauptsache sei jetzt, im Gesetz nachzuschlagen, ob ein Mann ebenso aus dem Zuchthaus ausgestoßen werden könne wie ein Junge aus der Schule. Doch ich glaube, er hoffte noch immer, daß Monk sich vielleicht eines Tages anders besinnen würde; deshalb hob er sie auf, glaube ich. Dann befreite Monk sich selbst ohne jede Hilfe. Es war eine Woche, nachdem Onkel Gavin mit ihm gesprochen hatte; ich glaube Onkel Gavin hatte noch nicht einmal entschieden, wo er die Begnadigung sicher verwahren könne, als die Nachricht eintraf. Sie stand am folgenden Tag als Schlagzeile in der Zeitung von Memphis, doch wir hatten es schon am gleichen Abend telefonisch erfahren: Monk Odlethrop hatte anscheinend einen mißlungenen Fluchtversuch angeführt und den Aufseher kaltblütig mit des Aufsehers eigener Pistole erschossen. Diesmal konnte kein Zweifel aufkommen: fünfzig Mann hatten es mit angesehen, und ein paar andere Sträflinge überwältigten

pistol away from him. Yes. Monk, the man who a week ago cried when Uncle Gavin told him that he was free, leading a jailbreak and committing a murder (on the body of the man for whom he was knitting the sweater which he cried for permission to finish) so cold-blooded that his own confederates had turned upon him.

Uncle Gavin went to see him again. He was in solitary confinement now, in the death house. He was still knitting on the sweater. He knitted well, Uncle Gavin said, and the sweater was almost finished. "I ain't got but three days more," Monk said. "So I ain't got no time to waste."

"But why, Monk?" Uncle Gavin said. "Why? Why did you do it?" He said that the needles would not cease nor falter, even while Monk would look at him with that expression serene, sympathetic, and almost exalted. Because he had no conception of death. I don't believe he had ever connected the carrion at his feet behind the filling station that night with the man who had just been walking and talking, or that on the ground in the compound with the man for whom he was knitting the sweater.

"I knowed that making and selling that whiskey wasn't right," he said. "I knowed that wasn't it. Only I . . ." He looked at Uncle Gavin. The serenity was still there, but for the moment something groped behind it: not bafflement nor indecision, just seeking, groping.

"Only what?" Uncle Gavin said. "The whiskey wasn't it? Wasn't what? It what?"

"No. Not it." Monk looked at Uncle Gavin. "I mind that day on the train, and that fellow in the cap would put his head in the door and holler, and I would say 'Is this it? Is this where we get off?' and the deppity would say No. Only if I had been there without that deppity to tell me, and that fellow had come in and hollered, I would have . . ."

ihn und nahmen ihm die Pistole weg. Jawohl. Monk, der Mann, der vor einer Woche noch geweint hatte, als Onkel Gavin ihm sagte, er sei frei, führte eine Ausbrecherbande an und beging einen Mord (an dem Mann, für den er den Sweater strickte, den fertigzustellen er weinend um Erlaubnis gebeten hatte) – einen so kaltblütigen Mord, daß seine Mitschuldigen sich gegen ihn gewandt hatten.

Onkel Gavin fuhr wieder hin, um ihn zu sprechen. Er saß jetzt in Einzelhaft, im Haus mit den Todeszellen. Er strickte noch immer an dem Sweater. Er stricke gut, sagte Onkel Gavin, und der Sweater sei fast fertig. «Ich hab nur noch drei Tage Zeit», habe Monk gesagt, «darum darf ich nicht trödeln.»

«Aber warum, Monk?» fragte Onkel Gavin. «Warum? Warum haben Sie es getan?» Onkel Gavin sagte, die Nadeln hätten nicht geruht und seien nicht einmal durcheinandergeraten, als Monk ihn mit seinem freundlichen, sympathischen, fast fröhlichen Ausdruck ansah. Er hatte ja keine Vorstellung vom Tode. Ich glaube, er hat in jener Samstagnacht die Leiche zu seinen Füßen hinter der Tankstelle gar nicht mit dem Mann in Zusammenhang gebracht, der noch eben herumlief und schwatzte, und ebensowenig die im Gefängnishof mit dem Mann, für den er den Sweater strickte.

«Ich weiß, es war nicht richtig, Whisky zu brennen und zu verkaufen», sagte er zu Onkel Gavin. «Ich wußte, daß es verkehrt war. Nur...» Er sah Onkel Gavin an. Die Freundlichkeit war noch da, doch einen Augenblick tappte dahinter noch etwas anderes herum – nicht Verwirrung oder Unentschlossenheit, nur ein Suchen und Tasten war es.

«... nur ... was?» fragte Onkel Gavin. «Der Whisky war's nicht? Was war der Whisky nicht? Er war was?»

«Nein. Nicht der.» Monk sah Onkel Gavin an. «Ich weiß noch den Tag in der Bahn, und der Mann mit der Mütze steckte den Kopf zur Tür rein und rief, und ich hab jedesmal gefragt: ‹Jetzt, ja? Steigen wir jetzt aus?› Und der Deppity sagte jedesmal nein. Aber wenn ich da drin gewesen wäre ohne den Deppity, der's mir gesagt hat, und der Mann kommt und ruft, dann wär ich...»

"Got off wrong? Is that it? And now you know what is right, where to get off right? Is that it?"

"Yes," Monk said. "Yes. I know right, now."

"What? What is right? What do you know now that they never told you before?"

He told them. He walked up onto the scaffold three days later and stood where they told him to stand and held his head docilely (and without being asked) to one side so they could knot the rope comfortably, his face still serene, still exalted, and wearing that expression of someone waiting his chance to speak, until they stood back. He evidently took that to be his signal, because he said, "I have sinned against God and man and now I have done paid it out with my suffering. And now –" they say he said this part loud, his voice clear and serene. The words must have sounded quite loud to him and irrefutable, and his heart uplifted, because he was talking inside the black cap now: "And now I am going out into the free world, and farm."

You see? It just does not add up. Granted that he did not know that he was about to die, his words still do not make sense. He could have known but little more about farming than about Stonewall Jackson; certainly he had never done any of it. He had seen it, of course, the cotton and the corn in the fields, and men working it. But he could not have wanted to do it himself before, or he would have, since he could have found chances enough. Yet he turns and murders the man who had befriended him and, whether he realized it or not, saved him from comparative hell and upon whom he had transferred his capacity for doglike fidelity and devotion and on whose account a week ago he had refused a pardon: his reason being that he wanted to return into the world and farm land – this, the change, to occur in one week's time and

«Falsch ausgestiegen? Meinen Sie das? Und jetzt wissen Sie, was richtig ist? Wo man richtig aussteigt?»

«Ja», sagte Monk. «Jetzt weiß ich, was richtig ist.»

«So? Was ist richtig? Was wissen Sie jetzt, was Ihnen früher keiner gesagt hat?»

Er sagte es ihnen allen. Drei Tage später ging er zum Schafott und stellte sich auf, wie es ihm befohlen wurde, und hielt den Kopf gefügig (und ohne aufgefordert worden zu sein) auf die eine Seite, so daß sie den Strick mühelos knüpfen konnten – das Gesicht noch gelassen, noch verzückt, und mit dem Ausdruck eines Mannes, der eine Gelegenheit zum Sprechen abwartet –, bis sie zurücktraten. Offenbar hielt er das für ein Zeichen, denn er sprach: «Ich habe gesündigt gegen Gott und die Menschen, und nun habe ich dafür genug bezahlt mit meinem Leiden. Und jetzt ...» Sie erzählten nachher, er habe das Folgende laut gesprochen, und seine Stimme sei deutlich und heiter gewesen. Die Worte müssen für ihn sehr laut geklungen haben, und unwiderlegbar, und sein Herz fühlte sich erhoben, denn er sprach jetzt in seiner schwarzen Kapuze drin: «Und jetzt ziehe ich in die freie Welt hinaus und farme.»

Versteht ihr? Es reimt sich einfach nicht zusammen. Auch wenn er nicht wußte, daß er sterben mußte, so sind seine Worte doch ohne Sinn. Von Landwirtschaft kann er nicht viel mehr verstanden haben als Stonewall Jackson; bestimmt hatte er sich nie damit befaßt. Beobachtet hatte er natürlich manches, Baumwolle und Mais auf den Feldern und Männer, die draußen arbeiteten. Aber damals kann er nicht den Wunsch gehabt haben, selber Land zu bebauen, sonst hätte er es getan, es gab ja reichlich Gelegenheit. Stattdessen dreht er sich um und ermordet den Mann, der sein Freund war und ihn, ob er es begriff oder nicht, vor einer Art Hölle bewahrte, den Mann, an den er sich mit all seiner Fähigkeit zu hündischer Treue und Ergebenheit gehängt hatte und um dessentwillen er noch vor einer Woche auf seine Begnadigung verzichtet hatte; der Grund aber sollte sein, daß er in die Welt zurückkehren und Land bebauen wollte, und die ganze Umstellung sollte innerhalb von

after he had been for five years more completely removed and insulated from the world than any nun. Yes, granted that this could be the logical sequence in that mind which he hardly possessed and granted that it could have been powerful enough to cause him to murder his one friend (Yes, it was the warden's pistol; we heard about that: how the warden kept it in the house and one day it disappeared and to keep word of it's getting out the warden had his Negro cook, another trusty and who would have been the logical one to have taken it, severely beaten to force the truth from him. Then Monk himself found the pistol, where the warden now recalled having hidden it himself, and returned it.) – granted all this, how in the world could the impulse have reached him, the desire to farm land have got into him where he now was? That's what I told Uncle Gavin.

"It adds up, all right," Uncle Gavin said. "We just haven't got the right ciphers yet. Neither did they."

"They?"

"Yes. They didn't hang the man who murdered Gambrell. They just crucified the pistol."

"What do you mean?" I said.

"I don't know. Maybe I never shall. Probably never shall. But it adds up, as you put it, somewhere, somehow. It has to. After all, that's too much buffooning even for circumstances, let alone a mere flesh-and-blood imbecile. But probably the ultimate clowning of circumstances will be that we won't know it."

But we did know. Uncle Gavin discovered it by accident, and he never told anyone but me, and I will tell you why.

108 At that time we had for Governor a man without
109 ancestry and with but little more divulged back-

einer Woche stattfinden, nachdem er fünf Jahre lang von der Welt gründlicher entrückt und abgesondert gewesen war als jede Nonne. Ja, zugegeben, daß dies die logische Folgerung eines Geistes sein könnte, den er kaum besaß, und zugegeben, daß sie mächtig genug war, ihn zu bewegen, seinen einzigen Freund zu ermorden (ja, es war die Pistole des Aufsehers, wir hörten darüber: der Aufseher bewahrte sie in seinem Haus auf, und eines Tages war sie weg, und um etwas über ihren Verbleib zu erfahren, ließ der Aufseher seinen Neger-Koch – einen anderen Kalfaktor, der sie naheliegenderweise hätte stehlen können – schwer verprügeln, um ihm die Wahrheit abzuzwingen. Dann fand Monk die Pistole an einer Stelle, wo sie der Aufseher selbst versteckt hatte, wie er sich nachträglich erinnerte, und Monk gab sie ihm) – all das zugegeben, nur: wie um alles in der Welt konnte ihn der Drang gepackt haben, wie konnte die Sehnsucht, Land zu bestellen, in ihn hineingeraten sein – an dem Ort, wo er sich jetzt befand? Das sagte ich zu Onkel Gavin.

«Es reimt sich doch zusammen», sagte Onkel Gavin. «Wir haben nur noch nicht den richtigen Schlüssel. Und sie hatten ihn auch nicht.»

«Sie?»

«Ja. Sie haben nicht den Mann gehenkt, der Gambrell ermordet hat. Sie haben nur die Mordwaffe hingerichtet.»

«Was meinst du damit?» fragte ich.

«Ich weiß nicht. Vielleicht werde ich es nie wissen. Wahrscheinlich werde ich's nie wissen. Aber es reimt sich zusammen, wie du es nennst, irgendwo, irgendwie. Für ein Spiel des Zufalls wäre es einfach zu possenhaft, erst recht bei einem leibhaftigen Schwachsinnigen. Doch der letzte Witz bei diesem Spiel des Zufalls wird wohl darin bestehen, daß wir es nie erfahren.»

Und doch erfuhren wir es. Onkel Gavin kam rein zufällig darauf, und außer mir sagte er es niemandem; ich werde euch erzählen, warum nicht.

Zu jener Zeit hatten wir als Gouverneur einen Mann ohne Vorfahren; über seine Vergangenheit wußte man nicht viel

ground than Monk had; a politician, a shrewd man who (some of us feared, Uncle Gavin and others about the state) would go far if he lived. About three years after Monk died he declared, without warning, a kind of jubilee. He set a date for the convening of the Pardon Board at the penitentiary, where he inferred that he would hand out pardons to various convicts in the same way that the English king gives out knighthoods and garters on his birthday. Of course, all the Opposition said that he was frankly auctioning off the pardons, but Uncle Gavin didn't think so. He said that the Governor was shrewder than that, the next year was election year, and that the Governor was not only gaining votes from the kin of the men he would pardon but was laying a trap for the purists and moralists to try to impeach him for corruption and then fail for lack of evidence. But it was known that he had the Pardon Board completely under his thumb, so the only protest the Opposition could make was to form committees to be present at the time, which step the Governor – oh, he was shrewd – courteously applauded, even to the extent of furnishing transportation for them. Uncle Gavin was one of the delegates from our county.

He said that all these unofficial delegates were given copies of the list of those slated for pardon (the ones with enough voting kin to warrant it, I suppose) – the crime, the sentence, the time already served, prison record, etc.

It was in the mess hall; he said he and the other delegates were seated on the hard, backless benches against one wall, while the Governor and his Board sat about the table on the raised platform where the guards would sit while the men ate, when the convicts were marched in and halted. Then the Governor called the first name on the list and told the man to come forward

mehr als über Monks Vergangenheit. Er war ein Politiker, ein gerissener Mann, der es (wie einige von uns, Onkel Gavin und andere im Staat fürchteten) noch schlimm treiben würde, wenn er am Leben bliebe. Etwa drei Jahre nach Monks Tod kündete er unversehens eine Art Jubiläum an. Er setzte einen Tag für die Zusammenkunft des Begnadigungs-Komitees im Zuchthaus fest und erwähnte, er würde verschiedenen Sträflingen Begnadigungen ausstellen, etwa auf die gleiche Art, wie der englische König an seinem Geburtstag Adelstitel und Orden verleiht. Natürlich sagte die ganze Opposition, er vergebe die Begnadigungen an den Meistbietenden, aber Onkel Gavin war nicht dieser Ansicht. Er sagte, der Gouverneur sei viel durchtriebener: das nächste Jahr sei ein Wahljahr, und der Gouverneur gewinne nicht nur die Stimmen von den Verwandten der Männer, die er begnadigte, sondern er stelle auch den Moralisten und Puristen eine Falle, die ihm immer Bestechlichkeit vorwerfen wollten und dann aus Mangel an Beweisen verstummen müßten. Doch war es bekannt, daß er die Begnadigungs-Kommission völlig beherrschte, deshalb konnte die Opposition nur dadurch Einspruch erheben, daß sie Ausschüsse bildete, die dabei sein sollten, welchem Schritt der Gouverneur – oh, er war gerissen – sehr höflich zustimmte; er ging sogar so weit, ihnen eine Fahrgelegenheit zur Verfügung zu stellen. Onkel Gavin war einer der Delegierten unseres Bezirks.

Er sagte, sämtliche nicht amtlichen Delegierten hätten Durchschläge der Liste mit den Namen der für die Begnadigung Vorgesehenen erhalten (vermutlich alle, die genug stimmberechtigte Verwandte hatten) – dazu ihr Verbrechen, das Urteil, die bereits abgesessene Zeit, den Auszug aus dem Führungsregister, und so weiter. Es fand im Speiseraum des Zuchthauses statt; er sagte, er und die anderen Delegierten seien auf den harten Bänken ohne Rückenlehne an der einen Wand gesessen, während der Gouverneur und sein Ausschuß am Tisch auf dem erhöhten Podium Platz genommen hatten, wo sonst die Wärter saßen, während die Gefangenen aßen; und dann wurden die Gefangenen hereingeführt. Der Gouverneur las den ersten Namen von der Liste ab und befahl

to the table. But nobody moved. They just huddled there in their striped overalls, murmuring to one another while the guards began to holler at the men to come out and the Governor looked up from the paper and looked at them with his eyebrows raised. Then somebody said from back in the crowd: "Let Terrel speak for us, Governor. We done 'lected him to do our talking."

Uncle Gavin didn't look up at once. He looked at this list until he found the name: *Terrel, Bill. Manslaughter. Twenty years. Served since May 9, 19–. Applied for pardon January, 19– Vetoed by Warden C. L. Gambrell. Applied for pardon September, 19–. Vetoed by Warden C. L. Gambrell. Record, Troublemaker.* Then he looked up and watched Terrel walk out of the crowd and approach the table – a tall man, a huge man, with a dark aquiline face like an Indian's, except for the pale yellow eyes and a shock of wild, black hair – who strode up to the table with a curious blend of arrogance and servility and stopped and, without waiting to be told to speak, said in a queer, high singsong filled with that same abject arrogance:

"Your

Honor, and honorable gentlemen, we have done sinned against God and man but now we have done paid it out with our suffering. And now we want to go out into the free world, and farm."

Uncle Gavin was on the platform almost before Terrel quit speaking, leaning over the Governor's chair, and the Governor turned with his little, shrewd, plump face and his inscrutable, speculative eyes toward Uncle Gavin's urgency and excitement. "Send that man back for a minute," Uncle Gavin said. "I must speak to you in private." For a moment longer the Governor looked at Uncle Gavin, the puppet Board looking at him too, with nothing in their faces at all, Uncle Gavin said.

dem Mann, an seinen Tisch heranzutreten. Doch keiner rührte sich. In ihren gestreiften Overalls drängten sie sich einfach dichter aneinander und tuschelten leise, während die Wärter die Männer anschnauzten, sie sollten vortreten, und der Gouverneur von seiner Liste aufblickte und sie mit erhobenen Augenbrauen ansah. Dann sagte jemand in der hintersten Reihe: «Lassen Sie Terrel für uns sprechen, Governor! Wir haben ihn gewählt, damit er für uns alle redet.»

Onkel Gavin sah nicht sofort auf. Er sah auf seine Liste, bis er den Namen fand: *Terrel, Bill. Totschlag. Zwanzig Jahre. Sitzt seit dem 9. Mai 19... Begnadigung beantragt im Januar 19... Veto eingelegt von Aufseher C.L. Gambrell. Begnadigung beantragt im September 19... Veto eingelegt vom Aufseher C.L. Gambrell. Führungsregister: Unruhestifter.* Dann blickte er auf und sah, wie Terrel aus der Schar der übrigen trat und sich dem Tisch näherte – ein großer Mann, ein klobiger Kerl mit einer Adlernase im dunklen Gesicht, das bis auf die fahlen gelben Augen und einen Schopf wilden schwarzen Haars indianisch wirkte –, mit einer sonderbaren Mischung aus Anmaßung und Unterwürfigkeit bis an den Tisch stolzierte und stehenblieb und, ohne abzuwarten, bis er zum Sprechen aufgefordert wurde, mit einer seltsam hohen Leierstimme begann, aus der die gleiche kriecherische Anmaßung tönte: «Euer Gnaden und ehrenwerte Gentlemen, wir haben gesündigt gegen Gott und die Menschen, aber jetzt haben wir mit unseren Leiden genug dafür bezahlt. Und nun wollen wir hinausziehen in die freie Welt und Land bebauen.»

Onkel Gavin war auf dem Podium, fast noch ehe Terrel zu sprechen aufhörte, und er lehnte sich über den Stuhl des Gouverneurs, und der Gouverneur wandte sein kleines, rundes, listiges Gesicht und die undurchdringlichen, berechnenden Augen meinem Onkel Gavin zu, der sich dringlich meldete. «Schicken Sie den Mann einen Augenblick zurück!» sagte Onkel Gavin. «Ich muß Sie unter vier Augen sprechen!» Der Gouverneur sah Onkel Gavin eine Weile an, der Marionetten-Ausschuß sah ihn auch an, ohne den geringsten Ausdruck in den Gesichtern, sagte Onkel Gavin.

"Why, certainly, Mr. Stevens," the Governor said. He rose and followed Uncle Gavin back to the wall, beneath the barred window, and the man Terrel still standing before the table with his head jerked suddenly up and utterly motionless and the light from the window in his yellow eyes like two match flames as he stared at Uncle Gavin.

"Governor, that man's a murderer," Uncle Gavin said. The Governor's face did not change at all.

"Manslaughter, Mr. Stevens," he said. "Manslaughter. As private and honorable citizens of the state, and as humble servants of it, surely you and I can accept the word of a Mississippi jury."

"I'm not talking about that," Uncle Gavin said. He said it like that, out of his haste, as if Terrel would vanish if he did not hurry; he said that he had a terrible feeling that in a second the little inscrutable, courteous man before him would magic Terrel out of reach of all retribution by means of his cold will and his ambition and his amoral ruthlessness. "I'm talking about Gambrell and that half-wit they hanged. That man there killed them both as surely as if he had fired the pistol and sprung that trap."

Still the Governor's face did not change at all. "That's a curious charge, not to say serious," he said. "Of course you have proof of it."

"No. But I will get it. Let me have ten minutes with him, alone. I will get proof from him. I will make him give it to me."

"Ah," the Governor said. Now he did not look at Uncle Gavin for a whole minute. When he did look up again, his face still had not altered as to expression, yet he had wiped something from it as he might have done physically, with a handkerchief. ("You see, he was paying me a compliment," Uncle Gavin told me. "A compliment to my intelligence. He was telling the absolute truth

«Oh, gewiß, Mr. Stevens», sagte der Gouverneur. Er stand auf und folgte Onkel Gavin bis an die Wand unter dem vergitterten Fenster, und der Mann Terrel stand noch vor dem Tisch, mit plötzlich erhobenem Kopf und vollkommen unbeweglich, und das Licht vom Fenster war wie zwei Streichholzflammen in seinen gelben Augen, als er Onkel Gavin anstarrte.

«Governor, der Mann hat einen Mord begangen», sagte Onkel Gavin. Der Gouverneur verzog keine Miene.

«Totschlag, Mr. Stevens», sagte er, «Totschlag. Als Privatpersonen und ehrenwerte Bürger des Staates und als seine bescheidenen Diener können Sie und ich doch gewiß den Spruch eines Schwurgerichts von Mississippi anerkennen?»

«Davon spreche ich nicht», sagte Onkel Gavin. Er sprach in einer Hast, als könne Terrel sich in nichts auflösen, wenn er sich nicht beeilte; er sagte, er habe ein schreckliches Gefühl gehabt, daß der kleine undurchdringliche, höfliche Mann vor ihm den Terrel einfach mit Hilfe seines kalten Willens und seines Ehrgeizes und seiner unverschämten Ruchlosigkeit aus dem Bereich jeder Bestrafung wegzaubern könnte. «Ich spreche von Gambrell und dem Schwachsinnigen, der hier gehenkt worden ist. Der Mann dort hat sie beide umgebracht – so eindeutig, als hätte er die Pistole abgefeuert und den Strick geknüpft.»

Das Gesicht des Gouverneurs veränderte sich noch immer nicht. «Das ist eine seltsame Anklage, um nicht zu sagen eine schwerwiegende», sagte er. «Sie haben natürlich Beweise?»

«Nein. Aber ich werde sie beschaffen. Lassen Sie mich zehn Minuten allein mit ihm sprechen! Ich werde mir den Beweis von ihm selbst beschaffen. Er muß ihn mir liefern.»

«Aha», sagte der Gouverneur. Jetzt sah er Onkel Gavin eine ganze Minute lang nicht an. Als er wieder aufblickte, hatte sein Gesicht noch immer keinen andern Ausdruck angenommen, und doch hatte er etwas daraus fortgewischt, als wäre er mit einem Taschentuch darüber gefahren. («Er machte mir nämlich ein Kompliment», erzählte Onkel Gavin. «Mir und meiner Intelligenz. Er sprach jetzt die reine

now. He was paying me the highest compliment in his power.") "What good do you think that would do?" he said.

"You mean..." Uncle Gavin said. They looked at one another. "So you would still turn him loose on the citizens of this state, this country, just for a few votes?"

"Why not? If he murders again, there is always this place for him to come back to." Now it was Uncle Gavin who thought for a minute, though he did not look down.

"Suppose I should repeat what you have just said. I have no proof of that, either, but I would be believed. And that would —"

"Lose me votes? Yes. But you see, I have already lost those votes because I have never had them. You see? You force me to do what, for all you know, may be against my own principles too – or do you grant me principles?" Now Uncle Gavin said the Governor looked at him with an expression almost warm, almost pitying – and quite curious. "Mr. Stevens, you are what my grandpap would have called a gentleman. He would have snarled it at you, hating you and your kind; he might very probably have shot your horse from under you someday from behind a fence – for a principle. And you are trying to bring the notions of 1860 into the politics of the nineteen hundreds. And politics in the twentieth century is a sorry thing. In fact, I sometimes think that the whole twentieth century is a sorry thing, smelling to high heaven in somebody's nose. But, no matter." He turned now, back toward the table and the room full of faces watching them. "Take the advice of a well-wisher even if he cannot call you friend, and let this business alone. As I said before, if we let him out and he murders again, as he probably will, he can always come back here."

Wahrheit. Er machte mir damit das größte Kompliment, das er zu vergeben hatte.») «Was glauben Sie, was das nützen würde?» fragte er.

«Sie meinen...», sagte Onkel Gavin. Die beiden sahen sich an. «Sie würden ihn also trotzdem auf die Bürger dieses Staates, dieses Landes loslassen, nur wegen ein paar Stimmen?»

«Warum nicht? Wenn er wieder mordet, wartet hier immer noch das Zuchthaus auf ihn, in das er zurückkehren kann.» Jetzt war es Onkel Gavin, der einen Augenblick nachdachte, wenn er auch nicht den Blick senkte.

«Und wenn ich nun wiederholte, was Sie eben sagten? Ich habe auch dafür keine Beweise, aber man würde mir glauben. Und dann würden Sie...»

«Stimmen verlieren? Ja. Aber sehen Sie, jene Stimmen habe ich schon verloren, weil ich sie nie besessen habe. Verstehen Sie? Sie zwingen mich, etwas zu tun, was trotz allem auch gegen meine eigenen Grundsätze verstoßen mag – sofern Sie mir Grundsätze zugestehen.» Jetzt habe ihn der Gouverneur mit einem fast herzlichen, fast mitleidigen Ausdruck angesehen, sagte Onkel Gavin, und sehr eigentümlich. «Mr. Stevens, Sie sind, was mein Großpapa als einen Gentleman bezeichnet haben würde. Er hätte es Ihnen ins Gesicht geschleudert, weil er Sie und Ihresgleichen haßte; wahrscheinlich hätte er Ihnen eines Tages, hinter einem Zaun lauernd, das Pferd unter dem Leib weggeschossen, aus Prinzip! Und Sie versuchen, die Ideen von 1860 in die Politik unseres Jahrhunderts einzuführen. Die Politik des zwanzigsten Jahrhunderts ist eine miese Sache. Ja, ich denke manchmal, das ganze zwanzigste Jahrhundert ist eine miese Sache, die gen Himmel stinkt, irgendwem in die Nase. Aber einerlei.» Er drehte sich jetzt um und blickte auf den Tisch und den Saal voller Gesichter, die ihn beobachteten. «Lassen Sie sich von einem Wohlgesinnten, auch wenn er sich nicht Ihren Freund nennen kann, einen Rat geben, und lassen Sie die Finger von dieser Angelegenheit! Wie ich soeben sagte: wenn wir ihn freilassen und er mordet wieder, kann er stets hierher zurückkehren.»

"And be pardoned again," Uncle Gavin said.

"Probably. Customs do not change that fast, remember."

"But you will let me talk to him in private, won't you?"

The Governor paused, looking back, courteous and pleasant.

"Why, certainly, Mr. Stevens. It will be a pleasure to oblige you."

They took them to a cell, so that a guard could stand opposite the barred door with a rifle. "Watch yourself," the guard told Uncle Gavin. "He's a bad egg. Don't fool with him."

"I'm not afraid," Uncle Gavin said; he said he wasn't even careful now, though the guard didn't know what he meant. "I have less reason to fear him than Mr. Gambrell even, because Monk Odlethrop is dead now." So they stood looking at one another in the bare cell – Uncle Gavin and the Indianlooking giant with the fierce, yellow eyes.

"So you're the one that crossed me up this time," Terrel said, in that queer, almost whining singsong. We knew about that case, too; it was in the Mississippi reports, besides it had not happened very far away, and Terrel not a farmer, either. Uncle Gavin said that that was it, even before he realized that Terrel had spoken the exact words which Monk had spoken on the gallows and which Terrel could not have heard or even known that Monk had spoken; not the similarity of the words, but the fact that neither Terrel nor Monk had ever farmed anything, anywhere. It was another filling station, near a railroad this time, and a brakeman on a night freight testified to seeing two men rush out of the bushes as the train passed, carrying something which proved later to be a man, and whether dead or alive at the time the brakeman could not tell, and fling it under the train. The fill-

«Und wieder begnadigt werden», sagte Onkel Gavin.

«Wahrscheinlich. Die Bräuche ändern sich nicht so rasch, müssen Sie bedenken.»

«Aber Sie erlauben mir, unter vier Augen mit ihm zu sprechen, ja?»

Der Gouverneur schwieg, sah sich um und sagte höflich und liebenswürdig:

«Oh, gewiß, Mr. Stevens. Es ist mir ein Vergnügen, Ihnen einen Gefallen zu tun.»

Man brachte sie in eine Zelle, so daß ein Wächter mit Gewehr gegenüber der vergitterten Tür stehen konnte. «Sehen Sie sich vor!» sagte er zu Onkel Gavin. «Er ist ein falscher Hund. Reizen Sie ihn nicht!»

«Ich habe keine Angst», sagte Onkel Gavin; er sagte, nicht einmal jetzt sei er besorgt; der Wächter wußte nicht, was er damit meinte. «Ich habe weniger Grund, ihn zu fürchten, als selbst Mr. Gambrell, denn Monk Odlethrop ist ja tot.» Sie standen also in der kahlen Zelle und sahen sich an, Onkel Gavin und der indianisch aussehende Riese mit den wilden gelben Augen.

«So, diesmal sind Sie es, der mir in die Quere kommt», sagte Terrel mit seinem komischen, fast winselnden Genäsel. Wir hatten auch von seinem ersten Fall gehört: er hatte in den Zeitungen von Mississippi gestanden, war ja nicht sehr weit weg geschehen; auch Terrel stammte nicht vom Land. Onkel Gavin sagte, das sei es gewesen – noch bevor er merkte, daß Terrel genau die gleichen Worte sprach, die Monk unter dem Galgen gesprochen hatte und die Terrel nicht gehört haben konnte, von denen er nicht einmal wissen konnte, daß Monk sie gesagt hatte; nicht die Übereinstimmung der Worte, sondern die Tatsache, daß weder Terrel noch Monk je auf dem Lande gearbeitet hatten. Es war auch eine Tankstelle gewesen, diesmal in der Nähe der Bahn, und ein Bremser auf einem Nachtgüterzug bezeugte, zwei Männer gesehen zu haben, die aus dem Gebüsch hervorstürzten, als der Zug vorbeifuhr, und etwas trugen, was, wie sich später herausstellte, ein Mensch war, ob schon tot oder noch lebendig, das vermochte der Bremser nicht zu sa-

ing station belonged to Terrel, and the fight was proved, and Terrel was arrested. He denied the fight at first, then he denied that the deceased had been present, then he said that the deceased had seduced his (Terrel's) daughter and that his (Terrel's) son had killed the man, and he was merely trying to avert suspicion from his son. The daughter and the son both denied this, and the son proved an alibi, and they dragged Terrel, cursing both his children, from the courtroom.

"Wait," Uncle Gavin said. "I'm going to ask you a question first. What did you tell Monk Odlethrop?"

"Nothing!" Terrel said. "I told him nothing!"

"All right," Uncle Gavin said. "That's all I wanted to know." He turned and spoke to the guard beyond the door. "We're through. You can let us out."

"Wait," Terrel said. Uncle Gavin turned. Terrel stood as before, tall and hard and lean in his striped overalls, with his fierce, depthless, yellow eyes, speaking in that half-whining singsong. "What do you want to keep me locked up in here for? What have I ever done to you? You, rich and free, that can go wherever you want, while I have to –" Then he shouted. Uncle Gavin said he shouted without raising his voice at all, that the guard in the corridor could not have heard him: "Nothing, I tell you! I told him nothing!" But this time Uncle Gavin didn't even have time to begin to turn away. He said that Terrel passed him in two steps that made absolutely no sound at all, and looked out into the corridor. Then he turned and looked at Uncle Gavin. "Listen," he said. "If I tell you, will you give me your word not to vote again me?"

"Yes," Uncle Gavin said. "I won't vote agin you, as you say."

gen, und das Bündel unter den Zug schleuderten. Die Tankstelle gehörte Terrel, und die Schlägerei wurde ihm nachgewiesen, und er wurde verhaftet. Zuerst leugnete er die Schlägerei, dann leugnete er, daß der Tote da gewesen sei, dann behauptete er, der Tote habe seine (Terrels) Tochter verführt, und sein (Terrels) Sohn habe den Mann getötet, und er habe sich nur bemüht, den Verdacht von seinem Sohn abzulenken. Die Tochter und der Sohn stritten es beide ab, und der Sohn brachte ein Alibi, und Terrel verfluchte seine Kinder und wurde aus dem Gerichtssaal geschleppt.

«Einen Augenblick bitte», sagte Onkel Gavin. «Ich möchte Ihnen erst eine Frage stellen. Was haben Sie zu Monk Odlethrop gesagt?»

«Nichts!» rief Terrel. «Ich habe ihm nichts gesagt!»

«Gut», sagte Onkel Gavin. «Das ist alles, was ich wissen wollte.» Er wandte sich um und sprach mit dem Wächter hinter der Tür. «Wir sind fertig. Sie können uns herauslassen.»

«Halt!» rief Terrel. Onkel Gavin wandte sich um. Terrel stand wie vorher in seinem gestreiften Overall da, groß und hart und mager, mit wilden, unergründlichen gelben Augen, und redete mit seiner halb winselnden Näselstimme. «Warum wollen Sie mich hier einsperren und festhalten? Was hab ich Ihnen überhaupt getan? Sie sind reich und frei und können hingehn, wohin Sie wollen, während ich hier...» Dann zischte er los. Onkel Gavin erzählte, er habe gezischt, ohne auch nur die Stimme zu erheben, so daß der Wächter auf dem Gang draußen ihn nicht gehört haben konnte. «Nichts, sag ich Ihnen! Ich hab ihm nichts gesagt!» Doch diesmal blieb Onkel Gavin nicht einmal genügend Zeit, sich umzudrehen. Er erzählte, Terrel sei mit zwei Schritten, die nicht das leiseste Geräusch machten, an ihm vorbeigesprungen und habe auf den Gang hinausgespäht. Dann drehte er sich um und blickte Onkel Gavin an. «Hören Sie», sagte er, «wenn ich's Ihnen erzähle, geben Sie mir dann Ihr Wort, daß Sie nicht gegen mich stimmen?»

«Ja», sagte Onkel Gavin. «Ich werde nicht gegen Sie stimmen, wie Sie es nennen.»

"But how will I know you ain't lying?"

"Ah," Uncle Gavin said. "How will you know, except by trying it?" They looked at one another. Now Terrel looked down; Uncle Gavin said Terrel held one hand in front of him and that he (Uncle Gavin) watched the knuckles whiten slowly as Terrel closed it.

"It looks like I got to," he said. "It just looks like I got to." Then he looked up; he cried now, with no louder sound than when he had shouted before: "But if you do, and if I ever get out of here, then look out! See? Look out."

"Are you threatening me?" Uncle Gavin said. "You, standing there, in those striped overalls, with that wall behind you and this locked door and a man with a rifle in front of you? Do you want me to laugh?"

"I don't want nothing," Terrel said. He whimpered almost now. "I just want justice. That's all." Now he began to shout again, in that repressed voice, watching his clenched, white knuckles too apparently. "I tried twice for it; I tried for justice and freedom twice. But it was him. He was the one; he knowed I knowed it too. I told him I was going to –" He stopped, as sudden as he began; Uncle Gavin said he could hear him breathing, panting.

"That was Gambrell," Uncle Gavin said. "Go on."

"Yes. I told him I was. I told him. Because he laughed at me. He didn't have to do that. He could have voted agin me and let it go at that. He never had to laugh. He said I would stay here as long as he did or could keep me, and that he was here for life. And he was. He stayed here all his life. That's just exactly how long he stayed." But he wasn't
122 laughing, Uncle Gavin said. It wasn't laughing.
123 "Yes. And so you told Monk —"

«Aber wie kann ich wissen, ob Sie nicht lügen?»

«Nun», sagte Onkel Gavin, «wie können Sie es wissen, wenn Sie es nicht riskieren?» Sie sahen sich an. Dann senkte Terrel den Blick; Onkel Gavin sagte, Terrel habe eine Hand gegen ihn ausgestreckt, und er (Onkel Gavin) habe gesehen, wie die Knöchel langsam weiß wurden, während Terrel sie zur Faust ballte.

«Es sieht so aus, als müßte ich's tun», sagte er. «Es sieht so aus, als müßte ich's tun.» Dann blickte er auf; er heulte jetzt, doch nicht lauter als er vorher gezischt hatte: «Aber wenn Sie es tun, und ich komm dann jemals hier raus, dann können Sie was erleben! Haben Sie's verstanden? Dann können Sie was erleben!»

«Wollen Sie mich bedrohen?» fragte Onkel Gavin. «Sie? Da stehen Sie in Ihrem gestreiften Overall, hinter sich eine Mauer und vor sich die versperrte Tür und einen Mann mit einem Gewehr. Sie wollen mich wohl zum Lachen bringen?»

«Ich will gar nichts», sagte Terrel. Er wimmerte jetzt beinahe. «Ich will nur Gerechtigkeit. Das ist alles.» Nun begann er wieder mit der gleichen unterdrückten Stimme zu fauchen und starrte anscheinend auch wieder auf seine verkrampften weißen Knöchel.

«Ich hab mich zweimal drum bemüht. Aber er war schuld; er war's; er wußte, daß ich's auch wußte. Hab ihm gesagt, ich würde ...» Er brach ab, so plötzlich, wie er begonnen hatte; Onkel Gavin sagte, er habe ihn atmen, keuchen gehört.

«Das war Gambrell», sagte Onkel Gavin. «Nun weiter!»

«Ja, ich hab ihm gesagt, daß ich's tun würde. Weil er mich nämlich ausgelacht hat. Das brauchte er ja nicht. Er hätt gegen mich stimmen können, und fertig. Er hätt nicht lachen dürfen. Er hat gesagt, ich würde hierbleiben, solange er mich halten könnte, und er sei lebenslänglich hier. Na, das war er auch. Sein Leben lang war er hier. Ganz genau so lange war er hier!» Doch er lachte nicht, sagte Onkel Gavin. Es sei kein Lachen gewesen.

«Ja. Und deshalb sagten Sie zu Monk ...»

"Yes. I told him. I said here we all were, pore ignorant country folks that hadn't had no chance, that God had made to live outdoors in the free world and farm His land for Him; only we were pore and ignorant and didn't know it, and the rich folks wouldn't tell us until it was too late. That we were pore ignorant country folks that never saw a train before, getting on the train and nobody caring to tell us where to get off and farm in the free world like God wanted us to do, and that *he* was the one that held us back, kept us locked up outen the free world to laugh at us agin the wishes of God. But I never told him to do it. I just said 'And now we can't never get out because we ain't got no pistol. But if somebody had a pistol we would walk out into the free world and farm it, because that's what God aimed for us to do and that's what we want to do. Ain't that what we want to do?' and he said, 'Yes. That's it. That's what it is.' And I said, 'Only we ain't got nara pistol.' And he said, 'I can get a pistol.' And I said, 'Then we will walk in the free world because we have sinned against God but it wasn't our fault because they hadn't told us what it was He aimed for us to do. But now we know what it is because we want to walk in the free world and farm for God!' That's all I told him. I never told him to do nothing. And now go tell them. Let them hang me, too. Gambrell is rotted, and that batbrain is rotted, and I just as soon rot under ground as to rot in here. Go on and tell them."

"Yes," Uncle Gavin said. "All right. You will go free."

For a minute he said Terrel did not move at all. Then he said, "Free?"

"Yes," Uncle Gavin said. "Free. But remember this. A while ago you threatened me. Now I am going to threaten you. And the curious thing is, I

«Ja. Hab's ihm gesagt. Hab ihm gesagt, daß wir hier alle arme, dumme Leute vom Land wären, die nie eine Chance gehabt haben und die Gott erschaffen hat, damit sie draußen im Freien lebten und für Ihn sein Land bebauten; nur wären wir arm und dumm und wüßten es nicht, und die Reichen sagten es uns erst, wenn's zu spät ist. Wir wären arme, dumme Leute vom Land, die nie einen Zug gesehen hätten und doch einsteigen müßten, und keiner kümmert sich drum und sagt uns, wo wir aussteigen müssen, um im Freien das Land zu bebauen, wie Gott es von uns gewollt hat, und daß der Gambrell es sei, der uns daran hindert, der uns eingesperrt hält und uns nicht ins Freie läßt und uns auslacht – gegen Gottes Wunsch. Aber ich hab ihm nicht gesagt, er soll's tun. Hab ihm bloß gesagt: ‹Jetzt können wir nie wieder raus, weil wir keine Pistole haben. Wenn jemand eine Pistole hätte, dann könnten wir ins Freie rausgehn und das Land bebauen, weil es das ist, was Gott mit uns im Sinn gehabt hat, und das möchten wir auch machen. Ist es etwa nicht das, was wir wollen?› Und er hat gesagt: ‹Ja, das ist es! Das wollen wir!› Und ich hab gesagt: ‹Nur haben wir keine Pistole!› Und er hat gesagt: ‹Ich kann eine besorgen.› Und ich hab gesagt: ‹Dann wolln wir ins Freie hinaus, denn wir haben uns gegen Gott versündigt, nur war es nicht unser Fehler, sondern sie haben es uns nicht gesagt, was Er mit uns im Sinn gehabt hat. Aber jetzt wissen wir, was es ist, denn wir wollen ins Freie hinausgehn und für Gott Land bebauen. Mehr hab ich ihm nicht gesagt. Ich hab ihm nie gesagt, daß er was tun soll. Und jetzt können Sie hingehn und ihnen alles erzählen! Mich können sie ja auch noch hängen. Gambrell ist verfault, und der Schwachkopf ist verfault, und ich möcht genauso gern in der Erde verfaulen wie hier drin! Gehn Sie und erzählen Sie es ihnen!»

«Ja», sagte Onkel Gavin. «Ist gut. Sie kommen frei.»

Eine Minute lang rührte sich Terrel überhaupt nicht. Dann sagte er: «Frei?»

«Ja», sagte Onkel Gavin. «Aber merken Sie sich eines: vorhin haben Sie mich bedroht. Jetzt drohe ich Ihnen. Und das Komische ist: ich kann meine Drohung wahr machen.

can back mine up. I am going to keep track of you. And the next time anything happens, the next time anybody tries to frame you with a killing and you can't get anybody to say you were not there nor any of your kinsfolks to take the blame for it – You understand?" Terrel had looked up at him when he said Free, but now he looked down again. "Do you?" Uncle Gavin said.

"Yes," Terrel said. "I understand."

"All right," Uncle Gavin said. He turned; he called to the guard. "You can let us out this time," he said. He returned to the mess hall, where the Governor was calling the men up one by one and giving them their papers and where again the Governor paused, the smooth inscrutable face looking up at Uncle Gavin. He did not wait for Uncle Gavin to speak.

"You were successful, I see," he said.

"Yes. Do you want to hear —"

"My dear sir, no. I must decline. I will put it stronger than that: I must refuse." Again Uncle Gavin said he looked at him with that expression warm, quizzical, almost pitying, yet profoundly watchful and curious. "I really believe that you never have given up hope that you can change this business. Have you?"

Now Uncle Gavin said he did not answer for a moment. Then he said, "No. I haven't. So you are going to turn him loose? You really are?" Now he said that the pity, the warmth vanished, that now the face was as he first saw it: smooth, completely inscrutable, completely false.

"My dear Mr. Stevens," the Governor said. "You have already convinced me. But I am merely the moderator of this meeting; here are the votes. But do you think that you can convince these gentlemen?" And Uncle Gavin said he looked around at them, the identical puppet faces of the

Ich werde Sie nicht aus den Augen lassen. Und das nächste Mal wenn wieder etwas passiert, wenn das nächste Mal jemand versucht, Sie mit einem Mord in Verbindung zu bringen, und Sie finden keinen, der für Sie aussagt, Sie wären nicht dabeigewesen, und auch keinen von Ihren Angehörigen, der die Schuld auf sich nimmt, dann – Sie verstehen mich wohl?» Terrel hatte aufgeblickt, als er «Frei?» sagte, aber jetzt ließ er den Blick wieder sinken. «Verstehen Sie's?» fragte Onkel Gavin.

«Ja, ich verstehe!» sagte Terrel.

«Gut», sagte Onkel Gavin. Er drehte sich um; er rief den Wächter. «Jetzt können Sie uns rauslassen», sagte er. Er ging wieder in den Speiseraum, wo der Gouverneur die Sträflinge einen nach dem andern aufrief und ihnen ihre Papiere gab und wo er sich nun wieder unterbrach und mit glattem, undurchdringlichen Gesicht zu Onkel Gavin aufsah. Er wartete nicht ab, bis Onkel Gavin sprach.

«Sie hatten Erfolg, wie ich sehe?» sagte er.

«Ja. Möchten Sie es hören?»

«Mein lieber Herr, nein! Ich muß es ablehnen. Ich möchte es noch stärker ausdrücken: ich muß es verweigern.» Wieder, sagte Onkel Gavin, habe er ihn mit einem Ausdruck angesehen, der herzlich und spöttisch und mitleidig war, und doch aufmerksam und neugierig. «Ich glaube allen Ernstes, daß Sie die Hoffnung nie aufgegeben haben, diese Sache zu ändern. Nicht wahr?»

Daraufhin, so sagte Onkel Gavin, habe er einen Augenblick keine Antwort gegeben. Dann habe er gesagt: «Nein. Nie! – Sie wollen ihn also freilassen? Wirklich?» Und jetzt, so sagte er, seien Mitleid und Herzlichkeit verschwunden, und das Gesicht sei so gewesen, wie er es zuerst gesehen hatte: glatt, völlig undurchdringlich, völlig falsch.

«Mein lieber Mr. Stevens», sagte der Gouverneur, «mich haben Sie bereits überzeugt. Doch ich bin nur der Verhandlungsführer; dort sind die Stimmberechtigten!

Glauben Sie, daß Sie diese Herren überzeugen könnten?» Onkel Gavin sagte, er habe sich nach ihnen umgesehen: identische Mario-

seven or eight of the Governor's battalions and battalions of factorymade colonels.

"No," Uncle Gavin said. "I can't." So he left then. It was in the middle of the morning, and hot, but he started back to Jefferson at once, riding across the broad, heat-miraged land, between the cotton and the corn of God's long-fecund, remorseless acres, which would outlast any corruption and injustice. He was glad of the heat, he said; glad to be sweating, sweating out of himself the smell and the taste of where he had been.

nettengesichter von sieben oder acht fabrikneuen Obersten aus den zahlreichen Bataillonen des Gouverneurs.

«Nein», antwortete Onkel Gavin. «Das kann ich nicht.» Also ging er. Es war mitten am Vormittag, und heiß, aber er kehrte sofort nach Jefferson zurück, ritt über das weite, hitzeflimmernde Land, zwischen Baumwolle und Mais auf Gottes ewig fruchtbaren, unangefochtenen Äckern, die jede Bestechung und Ungerechtigkeit überdauern würden. Er habe sich über die Hitze gefreut, sagte er; habe sich gefreut zu schwitzen, herauszuschwitzen, was er geschmeckt und gespürt hatte – dort, wo er gewesen war.

Smoke

Anselm Holland came to Jefferson many years ago. Where from, no one knew. But he was young then and a man of parts, or of presence at least, because within three years he had married the only daughter of a man who owned two thousand acres of some of the best land in the country, and he went to live in his father-in-law's house, where two years later his wife bore him twin sons and where a few years later still the father-in-law died and left Holland in full possession of the property, which was now in his wife's name. But even before that event, we in Jefferson had already listened to him talking a trifle more than loudly of "my land, my crops"; and those of us whose fathers and grand-fathers had been bred here looked upon him a little coldly and a little askance for a ruthless man and (from tales told about him by both white and Negro tenants and by others with whom he had dealings) for a violent one. But out of consideration for his wife and respect for his father-in-law, we treated him with courtesy if not with regard. So when his wife, too, died while the twin sons were still children, we believed that he was responsible, that her life had been worn out by the crass violence of an underbred outlander. And when his sons reached maturity and first one and then the other left home for good and all, we were not surprised. And when one day six months ago he was found dead, his foot fast in the stirrup of the saddled horse which he rode, and his body pretty badly broken where the horse had apparently dragged him through a rail fence (there still showed at the time on the horse's back and flanks the marks of the blows which he had dealt it in one of his fits of rage), there was none of us

Rauch

Anselm Holland kam vor vielen Jahren nach Jefferson. Woher, das wußte keiner. Aber er war damals jung und ein gescheiter oder doch mindestens aufgeweckter Mensch, denn innerhalb von drei Jahren hatte er die einzige Tochter eines Mannes geheiratet, der achthundert Hektar vom besten Boden in unserem Gebiet besaß; er zog in das Haus seines Schwiegervaters, wo ihm seine Frau zwei Jahre später Zwillinge gebar und wo noch ein paar Jahre später der Schwiegervater starb und ihm, Holland, den uneingeschränkten Besitz des Gutes überließ, das jetzt auf den Namen seiner Frau lautete. Aber auch schon vor diesem Ereignis hatten wir in Jefferson ihn reichlich laut «mein Land» und «meine Ernten» sagen hören, und diejenigen von uns, deren Väter und Großväter hier aufgewachsen waren, hielten ihn, etwas kühl und etwas mißtrauisch, für einen rücksichtslosen und (nach dem, was sich sowohl weiße wie farbige Pächter und andere, die mit ihm zu tun hatten, über ihn erzählten) für einen gewalttätigen Menschen. Doch aus Rücksicht auf seine Frau und aus Achtung vor seinem Schwiegervater behandelten wir ihn höflich, allerdings nicht gerade ehrerbietig. Als nun auch die Frau starb – die Zwillinge, die beiden Jungen, waren noch klein –, da glaubten wir, er sei daran schuld und ihre Gesundheit sei durch die grobe Gewalttätigkeit eines schlecht erzogenen Fremdlings untergraben worden.

Als seine Söhne erwachsen wurden und erst der eine, dann der andere das Elternhaus ein für allemal verließen, da waren wir nicht überrascht. Und als er eines Tages – es ist sechs Monate her – tot aufgefunden wurde, den Fuß im Steigbügel des gesattelten Pferdes, mit dem er unterwegs gewesen war, verhakt, den Körper ziemlich zugerichtet, weil das Pferd ihn anscheinend durch einen Lattenzaun geschleift hatte (der Rücken und die Flanken des Pferdes zeigten noch die Spuren von Schlägen, die er ihm in einem seiner Wutanfälle versetzt hatte), da war keiner von uns traurig; denn kurze

who was sorry, because a short time before that he had committed what to men of our town and time and thinking was the unpardonable outrage. On the day he died it was learned that he had been digging up the graves in the family cemetery where his wife's people rested, among them the grave in which his wife had lain for thirty years. So the crazed, hate-ridden old man was buried among the graves which he had attempted to violate, and in the proper time his will was offered for probate. And we learned the substance of the will without surprise. We were not surprised to learn that even from beyond the grave he had struck one final blow at those alone whom he could now injure or outrage: his remaining flesh and blood.

At the time of their father's death the twin sons were forty. The younger one, Anselm, Junior, was said to have been the mother's favorite – perhaps because he was the one who was most like his father. Anyway, from the time of her death, while the boys were still children almost, we would hear of trouble between Old Anse and Young Anse, with Virginius, the other twin, acting as mediator and being cursed for his pains by both father and brother; he was that sort, Virginius was. And Young Anse was his sort too; in his late teens he ran away from home and was gone ten years. When he returned he and his brother were of age, and Anselm made formal demand upon his father that the land which we now learned was held by Old Anse only in trust, be divided and he – Young Anse – be given his share. Old Anse refused violently. Doubtless the request had been as violently made, because the two of them, Old Anse and Young Anse, were so much alike. And we learned that, strange to say, Virginius had taken his father's side. We heard that, that is. Because the land remained intact, and we heard how, in the

Zeit davor hatte er etwas begangen, was für die Menschen unserer Stadt und Zeit und Denkweise ein unverzeihlicher Frevel war: An dem Tag, als er starb, erfuhren wir, er habe die Gräber der Familien-Ruhestätte aufgebrochen, in der die Angehörigen seiner Frau beigesetzt waren, unter anderen das Grab, in dem seine Frau dreißig Jahre lang gelegen hatte. Jetzt wurde der verrückte, von Haß verzehrte alte Mann inmitten der Gräber bestattet, die er zu schänden versucht hatte, und zu gegebener Zeit war die amtliche Eröffnung seines Testamentes. Wir erfuhren vom Inhalt des Testamentes ohne Überraschung. Wir wunderten uns gar nicht, daß er auch noch von jenseits des Grabes den einzigen, die er noch kränken oder verletzen konnte, einen letzten Hieb versetzt hatte: seinem eigenen hinterbliebenen Fleisch und Blut.

Zu der Zeit, als ihr Vater starb, waren die Zwillingssöhne vierzig Jahre alt. Der jüngere, Anselm junior, soll der Liebling seiner Mutter gewesen sein – vermutlich, weil er am meisten dem Vater glich. Jedenfalls hörten wir, seit sie gestorben und die Söhne noch beinah Kinder waren, immer wieder von Streitigkeiten zwischen dem alten Anse und dem jungen Anse, wobei Virginius, der andere Zwilling, als Mittler auftrat und für seine Bemühungen von beiden, vom Vater wie vom Bruder, beschimpft wurde – so war er nun mal, der Virginius. Auch der junge Anse war, wie er sein mußte: Noch ehe er zwanzig war, lief er von zu Hause fort und blieb zehn Jahre draußen. Als er zurückkam, waren er und sein Bruder volljährig, und Anselm erhob beim Vater förmlichen Anspruch auf das Land, das der alte Anse, wie wir jetzt erfuhren, nur als Treuhänder verwaltet hatte: es sollte einmal aufgeteilt werden, und er, der junge Anse, sollte seinen Anteil erhalten. Der alte Anse weigerte sich heftig. Das Begehren war zweifellos ebenso heftig geäußert worden, denn die beiden, der alte und der junge Anse, waren einander so ähnlich. Wir erfuhren, daß Virginius seltsamerweise die Partei seines Vaters ergriffen hatte. Das heißt: so hörte man reden. Denn das Land blieb unangetastet, und wir hörten, daß der junge Anse mitten in einem Auftritt, der selbst für

midst of a scene of unparralleled violence even for them – a scene of such violence that the Negro servants all fled the house and scattered for the night – Young Anse departed, taking with him the team of mules which he did own; and from that day until his father's death, even after Virginius also had been forced to leave home, Anselm never spoke to his father and brother again. He did not leave the county this time, however. He just moved back into the hills ("where he can watch what the old man and Virginius are doing," some of us said and all of us thought); and for the next fifteen years he lived alone in a dirt-floored, two-room cabin, like a hermit, doing his own cooking, coming into town behind his two mules not four times a year. Some time earlier he had been arrested and tried for making whiskey. He made no defense, refusing to plead either way, was fined both on the charge and for contempt of court, and flew into a rage exactly like his father when his brother Virginius offered to pay the fine. He tried to assault Virginius in the courtroom and went to the penitentiary at his own demand and was pardoned eight months later for good behavior and returned to his cabin – a dark, silent, aquiline-faced man whom both neighbors and strangers let severely alone.

The other twin, Virginius, stayed on, farming the land which his father had never done justice to even while he was alive. (They said of old Anse, "wherever he came from and whatever he was bred to be, it was not a farmer." And so we said among ourselves, taking it to be true, "That's the trouble between him and Young Anse: watching his father mistreat the land which his mother aimed for him and Virginius to have") But Virginius stayed on. It could not have been much fun for him, and we said later that Virginius should have known that such an arrangement could not last. And then later than

diese beiden ungewöhnlich heftig war – einem Auftritt von solcher Heftigkeit, daß alle Neger-Diener aus dem Hause flohen und für diese Nacht das Weite suchten –, daß der junge Anse fortging und nur das Maultiergespann mitnahm, das sein Eigentum war; von diesem Tag bis zum Tod seines Vaters – auch, nachdem auch Virginius gezwungen war, aus dem Haus zu gehen – sprach Anselm nie mehr mit seinem Vater oder seinem Bruder. Doch diesmal verließ er nicht unser Gebiet. Er verzog sich bloß in die Berge («wo er beobachten kann, was der alte Mann und Virginius tun», sagten manche von uns und dachten wir alle); während der folgenden fünfzehn Jahre lebte er wie ein Einsiedler in einer zweiräumigen Hütte mit Lehmfußboden, kochte selber und kam mit seinen beiden Maultieren höchstens viermal im Jahr in die Stadt. Vor einiger Zeit war er einmal verhaftet und verurteilt worden, weil er Whisky gebrannt hatte; er verteidigte sich nicht, wollte sich weder für schuldig noch für unschuldig erklären, wurde sowohl für das Vergehen wie auch wegen Mißachtung des Gerichtes bestraft und bekam genau so einen Wutanfall wie sein Vater; da erbot sich sein Bruder Virginius, die Geldstrafe zu zahlen. Anselm wollte sich auf Virginius stürzen, im Gerichtssaal; er ging auf eigenen Wunsch ins Gefängnis und wurde acht Monate später wegen guter Führung begnadigt. Er ging wieder in seine Hütte – ein finsterer, schweigsamer Mann mit Adlernase, von dem sich Nachbarn wie Fremde strikt fernhielten.

Der andere Zwilling, Virginius, blieb da und bearbeitete das Land, das der Vater zeitlebens vernachlässigt hatte. (Es hieß vom alten Anse: «Woher er auch stammen und was er auch gelernt haben mag, ein Farmer war er nie.» Und wir sagten zueinander und waren überzeugt, daß es die Wahrheit war: «Das ist ja der Streit zwischen ihm und dem jungen Anse: der muß mitansehen, wie sein Vater mit dem Land umgeht, das seine Mutter ihm und Virginius zugedacht hat.») Aber Virginius blieb. Es kann keine reine Freude für ihn gewesen sein, und später sagten wir, Virginius hätte wissen müssen, daß eine solche Zusammenarbeit nicht von Bestand sein konnte. Noch später sagten wir dann: «Viel-

that we said, "Maybe he did know." Because that was Virginius. You didn't know what he was thinking at the time, any time. Old Anse and Young Anse were like water. Dark water, maybe; but men could see what they were about. But no man ever knew what Virginius was thinking or doing until afterward. We didn't even know what happened that time when Virginius, who had stuck it out alone for ten years while Young Anse was away, was driven away at last; he didn't tell it, not even to Granby Dodge, probably. But we knew Old Anse and we knew Virginius, and we could imagine it, about like this:

We watched Old Anse smoldering for about a year after Young Anse took his mules and went back into the hills. Then one day he broke out; maybe like this, "You think that, now your brother is gone, you can just hang around and get it all, don't you?"

"I don't want it all," Virginius said. "I just want my share."

"Ah," Old Anse said. "You'd like to have it parceled out right now too, would you? Claim like him it should have been divided up when you and him came of age."

"I'd rather take a little of it and farm it right than to see it all in the shape it's in now," Virginius said, still just, still mild – no man in the county ever saw Virginius lose his temper or even get ruffled, not even when Anselm tried to fight him in the courtroom about that fine.

"You would, would you?" Old Anse said. "And me that's kept it working at all, paying the taxes on it, while you and your brother have been putting money by every year, taxfree."

"You know Anse never saved a nickel in his life," Virginius said. "Say what you want about him, but don't accuse him of being forehanded."

leicht hat er es gewußt.» Virginius war eben so. Man wußte nicht, was er gerade dachte – nie. Der alte Anse und der junge Anse waren wie Wasser. Wie dunkles Wasser, zugegeben, aber man konnte doch sehen, was sie vorhatten. Doch bei Virginius wußte kein Mensch im voraus, was er dachte oder tun würde. Wir wußten auch nicht, was sich an dem Tag zugetragen hatte, als Virginius, der es, nachdem der junge Anse weggezogen war, zehn Jahre lang allein ausgehalten hatte, nun seinerseits fortgejagt wurde; er erzählte es niemandem, vermutlich nicht einmal Granby Dodge. Doch wir kannten den alten Anse, und wir kannten Virginius, und wir konnten uns vorstellen, daß es etwa so verlaufen war:

Ungefähr ein Jahr lang, nachdem der junge Anse seine Maultiere genommen hatte und in die Berge gegangen war, sahen wir den alten Anse stumm seinen Groll nähren. Eines Tages dann brach er los, vielleicht so: «Du glaubst wohl, jetzt, wo dein Bruder weg ist, kannst du hier herumlungern und alles allein einstecken, was?»

«Ich möchte gar nicht alles», erwiderte Virginius, «ich möchte meinen Anteil haben.»

«Aha», sagte der alte Anse, «du möchtest es jetzt also auch zerstückelt haben, was? Du findest also wie dein Bruder, es hätte aufgeteilt werden sollen, als du und er volljährig wurden, wie?»

«Ich möchte lieber ein kleines Stück bekommen und richtig bearbeiten, als das Ganze in dem Zustand sehen, in dem es jetzt ist», antwortete Virginius – noch immer gerecht, gelassen: Keiner in der ganzen Gegend hat je gesehen, daß Virginius die Beherrschung verlor oder sich auch nur aufregte, selbst damals im Gerichtssaal nicht, als der junge Anse sich wegen der Geldbuße auf ihn stürzen wollte.

«Ach so, das willst du!» rief der alte Anse. «Und ich hab es die ganze Zeit in Gang gehalten und hab die Steuern bezahlt, während du und dein Bruder Jahr für Jahr Geld kassiert habt, steuerfrei.»

«Du weißt, daß Anse nie einen Groschen zurückgelegt hat», sagte Virginius. «Sag ihm nach, was du willst, aber wirf ihm nicht vor, daß er besonders gut dasteht.»

"Yes, by heaven! He was man enough to come out and claim what he thought was his and get out when he never got it. But you. You'll just hang around, waiting for me to go, with that damned meal mouth of yours. Pay me the taxes on your half back to the day your mother died, and take it."

"No," Virginius said. "I won't do it."

"No," Old Anse said. "No. Oh, no. Why spend your money for half of it when you can set down and get all of it some day without putting out a cent." Then we imagined Old Anse (we thought of them as sitting down until now, talking like two civilized men) rising, with his shaggy head and his heavy eyebrows. "Get out of my house!" he said. But Virginius didn't move, didn't get up, watching his father. Old Anse came toward him, his hand raised. "Get. Get out of my house. By heaven, I'll. . . ."

Virginius went, then. He didn't hurry, didn't run. He packed up his belongings (he would have more than Anse; quite a few little things) and went four or five miles to live with a cousin, the son of a remote kinsman of his mother. The cousin lived alone, on a good farm too, though now eaten up with mortgages, since the cousin was no farmer either, being half a stock-trader and half a lay preacher – a small, sandy, nondescript man whom you would not remember a minute after you looked at his face and then away – and probably no better at either of these than at farming.

Without haste Virginius left, with none of his brother's foolish and violent finality; for which, strange to say, we thought none the less of Young Anse for showing, possessing. In fact, we always looked at Virginius a little askance too; he was a little too much master of himself. For it is human nature to trust quickest those who cannot depend on themselves. We called

«Ja wahrhaftig. Er war Manns genug, zu kommen und zu verlangen, was er für seinen Anteil hielt, und wegzugehen, als er es nicht bekam. Du aber – du lungerst bloß herum, du Duckmäuser, und wartest, daß ich sterbe! Zahl mir die Steuern auf deinen Anteil rückwirkend bis zu dem Tag, an dem deine Mutter starb, dann kannst du es haben!»

«Nein», sagte Virginius, «das will ich nicht.»

«Nein?» sagte der alte Anse. «Nein! Natürlich nein! Warum Geld für die Hälfte ausgeben, wenn man es eines Tages ganz bekommen kann, ohne auch nur einen Cent zu bezahlen!» Und dann, so stellten wir uns vor (wir hatten sie uns bis dahin sitzend gedacht, wie zwei manierliche Männer im Gespräch), dann erhob sich der alte Anse mit seinem Zottelkopf und seinen buschigen Augenbrauen und rief: «Scher dich aus meinem Haus!» Aber Virginius rührte sich nicht, blieb sitzen und betrachtete seinen Vater. Der alte Anse kam auf ihn zu und hatte die Hand erhoben. «Geh! Scher dich aus meinem Haus! Verdammt, geh, oder ich ...»

Da ging Virginius. Er beeilte sich nicht, er lief nicht. Er packte seine Habseligkeiten zusammen (bestimmt hatte er mehr als Anse, allerhand Kleinkram) und zog vier oder fünf Meilen weiter, um bei einem Vetter zu wohnen, dem Sohn eines entfernten Verwandten seiner Mutter. Der Vetter lebte allein, auch auf einer guten Farm, die aber schon mit Hypotheken belastet war, weil auch er kein Farmer war; er war halb Viehhändler, halb Laienprediger und vermutlich in beiden Berufen nicht tüchtiger als in der Landwirtschaft, ein kleiner, sandfarbener, fader Mann, an den man sich schon nach einer Minute nicht mehr erinnern konnte, wenn man ihm kurz ins Gesicht gesehen hatte. Virginius brach also ohne Hast auf, nicht mit der verrückten heftigen Endgültigkeit wie sein Bruder; die nahmen wir dem jungen Anse seltsamerweise gar nicht übel, obwohl er so daherkam und sich so hatte. Tatsächlich, den Virginius sahen wir immer auch ein bißchen scheel an; er war uns ein wenig zu selbstbeherrscht. Denn es liegt in der menschlichen Natur, am ehesten denen zu trauen, die ihrer selbst nicht so ganz sicher sind. Wir nannten Virginius ein stilles Wasser; darum

Virginius a deep one; we were not surprised when we learned how he had used his savings to disencumber the cousin's farm. And neither were we surprised when a year later we learned how Old Anse had refused to pay the taxes on his land and how, two days before the place would have gone delinquent, the sheriff received anonymously in the mail cash to the exact penny of the Holland assessment. "Trust Virginius," we said, since we believed we knew that the money needed no name to it. The sheriff had notified Old Anse.

"Put it up for sale and be damned," Old Anse said. "If they think that all they have to do is set there waiting, the whole brood and biling of them. . . ."

The sheriff sent Young Anse word. "It's not my land," Young Anse sent back.

The sheriff notified Virginius. Virginius came to town and looked at the tax books himself. "I got all I can carry myself, now," he said. "Of course, if he lets go, I hope I can get it. But I don't know. A good farm like that won't last long or go cheap." And that was all. No anger, no astonishment, no regret. But he was a deep one; we were not surprised when we learned how the sheriff had received that package of money, with the unsigned note: *Tax money for Anselm Holland farm. Send receipt to Anselm Holland, Senior.* "Trust Virginius," we said. We thought about Virginius quite a lot during the next year, out there in a strange house, farming strange land, watching the farm and the house where he was born and that was rightfully his going to ruin. For the old man was letting it go completely now: year by year the good broad fields were going back to jungle and gully, though still each January the sheriff re-
140 ceived that anonymous money in the mail and
141 sent the receipt to Old Anse, because the old man

waren wir auch nicht überrascht, als wir erfuhren, er habe seine Ersparnisse benutzt, um die auf der Farm seines Vetters liegenden Hypotheken abzulösen. Wir wunderten uns auch nicht, als wir ein Jahr später hörten, der alte Anse habe sich geweigert, die Grundsteuer zu zahlen, und zwei Tage vor der gerichtlichen Pfändung der Farm habe der Sheriff mit der Post von einem unbekannten Absender den Betrag erhalten, der auf den Pfennig genau den Schulden Hollands entsprach. «Sieh mal den Virginius!» sagten wir, da wir bestimmt zu wissen glaubten, weshalb der Absender nicht genannt zu werden brauchte. Der Sheriff hatte den alten Anse benachrichtigt.

«Schreiben Sie's zum Verkauf aus, zum Teufel!» rief der alte Anse. «Wenn die sich einbilden, daß sie bloß herumsitzen und abwarten können, die elende Brut...»

Der Sheriff verständigte den jungen Anse. «Es ist nicht meine Farm», ließ der junge Anse bestellen.

Der Sheriff benachrichtigte Virginius. Virginius kam in die Stadt und nahm Einblick in die Steuerbücher. «Ich habe selber genug auf dem Buckel», sagte er. «Klar: wenn er es aufgibt, dann hoffe ich es erwerben zu können. Aber ich weiß nicht – eine so gute Farm bleibt nicht lange ohne Käufer und geht nicht billig weg.» Das war alles. Kein Zorn, keine Überraschung, kein Bedauern. Aber er war eben ein stilles Wasser. Wir waren nicht überrascht, als wir erfuhren, der Sheriff habe den Packen Geld mit einem nicht unterzeichneten Briefchen erhalten: «Steuern für die Farm Anselm Hollands. Quittung bitte an Anselm Holland senior.» Und wir sagten: «Echt Virginius!» Im Lauf des nächsten Jahres dachten wir viel an ihn, der da draußen in einem fremden Haus wohnte und fremden Boden bestellte und dabei die Farm und das Haus beobachtete, wo er geboren war und die rechtmäßig ihm gehörten – wie sie jetzt dem Verfall entgegengingen. Denn der alte Mann überließ jetzt alles völlig sich selber: die schönen weiten Felder kamen von Jahr zu Jahr mehr herunter, wurden struppig und sumpfig, obwohl der Sheriff noch immer zu Beginn jedes Jahres mit der Post die Geldsumme von dem unbekannten Absender erhielt und die Empfangs-

had stopped coming to town altogether now, and the very house was falling down about his head, and nobody save Virginius ever stopped there. Five or six times a year he would ride up to the front porch, and the old man would come out and bellow at him in savage and violent vituperation, Virginius taking it quietly, talking to the few remaining Negroes once he had seen with his own eyes that his father was all right, then riding away again. But nobody else ever stopped there, though now and then from a distance someone would see the old man going about the mournful and shaggy fields on the old white horse which was to kill him.

Then last summer we learned that he was digging up the graves in the cedar grove where five generations of his wife's people rested. A Negro reported it, and the county health officer went out there and found the white horse tied in the grove, and the old man himself came out of the grove with a shotgun. The health officer returned, and two days later a deputy went out there and found the old man lying beside the horse, his foot fast in the stirrup, and on the horse's rump the savage marks of the stick – not a switch: a stick – where it had been struck again and again and again.

So they buried him, among the graves which he had violated. Virginius and the cousin came to the funeral. They were the funeral, in fact. For Anse, Junior, didn't come. Nor did he come near the place later, though Virginius stayed long enough to lock the house and pay the Negroes off. But he too went back to the cousin's, and in due time Old Anse's will was offered for probate to Judge Dukinfield. The substance of the will was no secret; we all learned of it. Regular it was, and we were surprised neither at its regularity nor at its substance nor its wording:

bestätigung an den alten Anse schickte. Der alte Mann hatte es gänzlich aufgegeben, in die Stadt zu kommen, das Haus fiel ihm buchstäblich über dem Kopf zusammen, und außer Virginius suchte ihn nie jemand auf. Fünf- oder sechsmal im Jahr ritt er vor die Veranda; dann kam der alte Mann heraus und brüllte ihn an mit wilden und lauten Schmähungen, die Virginius gelassen hinnahm; nachdem er sich mit eigenen Augen überzeugt hatte, daß sein Vater wohlauf war, sprach er noch mit den paar Negern, die auf der Farm geblieben waren, und ritt dann weg. Sonst erschien nie eine Menschenseele auf der Farm, wohl aber sah man hin und wieder aus einiger Entfernung den alten Mann über die erbarmungswürdigen, verkrauteten Felder reiten, auf dem alten Schimmel, der ihn eines Tages töten sollte.

Dann hörten wir im vergangenen Sommer, er breche die Gräber in dem Zedernhain auf, in denen fünf Generationen der Vorfahren seiner Frau ruhten. Ein Neger berichtete es, und der Beamte vom Kreisgesundheitsamt ging hinaus und fand den Schimmel, der an einen Baum gebunden war, und dann erschien der Alte selbst zwischen den Stämmen, in der Hand ein Gewehr. Der Beamte ging zurück, und zwei Tage drauf ging ein Beauftragter des Sheriffs hinaus und fand den alten Mann neben dem Pferd liegend, den Fuß fest im Steigbügel, und auf der Kruppe des Pferdes die grausamen Spuren von Stockhieben – nicht Peitsche, sondern Stock –, die auf das Tier niedergegangen waren, Schlag auf Schlag.

Er wurde also inmitten der Gräber beerdigt, die er selber geschändet hatte. Virginius und der Vetter kamen zur Beerdigung. Sie waren das ganze Trauergeleit. Denn Anse junior kam nicht. Auch nachher kam er nicht auf das Gut, obwohl Virginius lange genug blieb, um das Haus abzuschließen und die Neger zu entlohnen. Er kehrte dann zu seinem Vetter zurück, und zu gegebener Zeit wurde das Testament des alten Anse dem Richter Dukinfield zur amtlichen Prüfung vorgelegt. Der Inhalt des Testaments blieb kein Geheimnis; wir kannten ihn alle. Es war ordnungsgemäß aufgesetzt, und wir wunderten uns weder darüber noch über den Inhalt noch über die Ausdrucksweise:

... with the exception of these two bequests, I give and bequeath ... my property to my elder son Virginius, provided it be proved to the satisfaction of the ... Chancellor that it was the said Virginius who has been paying the taxes on my land, the ... Chancellor to be the sole and unchallenged judge of the proof.

The other two bequests were:

To my younger son Anselm, I give ... two full sets of mule harness, with the condition that this ... harness be used by ... Anselm to make one visit to my grave. Otherwise this ... harness to become and remain part ... of my property as described above.

To my cousin-in-law Granby Dodge I give ... one dollar in cash, to be used by him for the purchase of a hymn book or hymn books, as a token of my gratitude for his having fed and lodged my son Virginius since ... Virginius quitted my roof.

That was the will. And we watched and listened to hear or see what Young Anse would say or do. And we heard and saw nothing. And we watched to see what Virginius would do. And he did nothing. Or we didn't know what he was doing, what he was thinking. But that was Virginius. Because it was all finished then, anyway. All he had to do was to wait until Judge Dukinfield validated the will, then Virginius could give Anse his half – if he intended to do this. We were divided there. "He and Anse never had any trouble," some said. "Virginius never had any trouble with anybody," others said. "If you go by that token, he will have to divide that farm with the whole county." "But it was Virginius that tried to pay Anse's fine," the first ones said. "And it was Virginius that sided with his father when Young Anse wanted to divide the
144 land, too," the second ones said.

145 So we waited and we watched. We were watch-

... mit Ausnahme der beiden nachfolgenden Legate schenke und vermache ich ... meinen gesamten Besitz meinem älteren Sohn Virginius, vorausgesetzt, daß dem ... Gerichtspräsidenten ein zuverlässiger Beweis erbracht werden kann, daß es besagter Virginius war, der die Steuern für meine Farm bezahlt hat, und der ... Gerichtspräsident soll einzig und allein ermächtigt sein, diesen Beweis gutzuheißen.

Die zwei besagten Legate lauteten folgendermaßen:

Meinem jüngeren Sohn Anselm vermache ich zwei vollständige Maultiergeschirre, mit der Auflage, daß besagter Anselm das Geschirr zu einem Besuch meines Grabes benutzt. Andernfalls wird ... das Geschirr wieder ein Bestandteil ... meines oben beschriebenen Besitztums.

Meinem Vetter Granby Dodge vermache ich ... einen Dollar in bar, zum Ankauf eines oder mehrerer Gesangbücher zu verwenden, als ein Zeichen meiner Dankbarkeit für die Gewährung von Herberge und Verpflegung an meinem Sohn Virginius, seit ... Virginius mein Haus verlassen hat.

Das war das Testament. Wir hielten Augen und Ohren offen, um herauszubringen, was der junge Anse sagen oder tun würde. Wir sahen und hörten nichts. Wir paßten auf, um zu sehen, was Virginius tun würde. Er tat nichts. Oder vielmehr: wir wußten wieder einmal nicht, was er tat und was er dachte. So war Virginius eben. Es war ja ohnehin alles geregelt, einstweilen. Er mußte nur noch abwarten, daß der Richter Dukinfield das Testament für rechtskräftig erklärte, und dann konnte Virginius seinem Bruder Anse dessen Hälfte geben – falls das seine Absicht war. Hier waren bei uns die Meinungen geteilt. «Er und Anse hatten nie Streit miteinander», sagten einige. «Virginius hatte nie mit irgend jemand Streit», sagten andere. «Wenn es danach ginge, müßte er die Farm mit dem ganzen Umkreis teilen.» Worauf die ersten sagten: «Aber Virginius war es, der Anses Geldbuße zu zahlen versuchte.» Und die zweiten entgegneten: «Aber Virginius hielt zu seinem Vater, als Anse das Land aufteilen wollte.»

Also warteten und beobachteten wir. Wir beobachteten

ing Judge Dukinfield now; it was suddenly as if the whole thing had sifted into his hands; as though he sat godlike above the vindictive and jeering laughter of that old man who even underground would not die, and above these two irreconcilable brothers who for fifteen years had been the same as dead to each other. But we thought that in his last coup, Old Anse had overreached himself; that in choosing Judge Dukinfield, the old man's own fury had checkmated him; because in Judge Dukinfield we believed that Old Anse had chosen the one man among us with sufficient probity and honor and good sense – that sort of probity and honor which has never had time to become confused and self-doubting with too much learning in the law. The very fact that the validating of what was a simple enough document appeared to be taking him an overlong time, was to us but fresh proof that Judge Dukinfield was the one man among us who believed that justice is fifty per cent legal knowledge and fifty per cent unhaste and confidence in himself and in God.

So as the expiration of the legal period drew near, we watched Judge Dukinfield as he went daily between his home and his office in the courthouse yard. Deliberate and unhurried he moved – a widower of sixty and more, portly, white-headed, with an erect and dignified carriage which the Negroes called "rear-backted." He had been appointed Chancellor seventeen years ago; he possessed little knowledge of the law and a great deal of hard common sense; and for thirteen years now no man had opposed him for reelection, and even those who would be most enraged by his air of bland and affable condescension voted for him on occasion with a kind of childlike confidence and trust. So we watched him without impatience, knowing that what he finally did would be right, not because he

jetzt den Richter Dukinfield; es schien plötzlich, als wäre die ganze Sache unversehens in seine Hände gelangt; als throne er göttergleich über dem rachsüchtigen und höhnischen Gelächter des alten Mannes, der sogar unter der Erde nicht sterben wollte, und über den beiden unversöhnlichen Brüdern, die fünfzehn Jahre lang so gut wie tot für einander gewesen waren. Doch wir glaubten, daß sich der alte Anse mit seinem letzten Streich selber hereingelegt hatte und daß, als er den Richter Dukinfield wählte, seine eigene Wut ihn schachmatt gesetzt hatte. Wir glaubten nämlich, daß der alte Anse mit dem Richter Dukinfield denjenigen von uns ausgesucht hatte, der wirklich Redlichkeit und Ehre und gesunden Menschenverstand besaß: eine Redlichkeit und Ehre, die noch nicht durch ein zu ausführliches Studium der Gesetze verwirrt und unschlüssig geworden war. Gerade, daß er für die Bestätigung einer doch wahrlich einfachen Urkunde anscheinend unverhältnismäßig viel Zeit benötigte, war uns nur ein neuer Beweis dafür, daß der Richter Dukinfield derjenige unter uns war, der die Überzeugung hatte, daß die Gerechtigkeit zu fünfzig Prozent in der Kenntnis der Gesetze und zu fünfzig Prozent in Bedachtsamkeit und Vertrauen zu sich selbst und zu Gott besteht.

Darum beobachteten wir, als das Ende der gesetzlichen Frist näherrückte, die täglichen Wege des Richters Dukinfield zwischen seinem Haus und seinem Amtszimmer im Gerichtsgebäude. Entschlossen und ohne Hast schritt er aus – ein Witwer von mehr als sechzig Jahren, stattlich, weißhaarig, mit einer aufrechten und würdevollen Haltung, die von den Negern «steifrückig» genannt wird. Vor siebzehn Jahren war er zum Gerichtspräsidenten ernannt worden; er besaß nur geringe juristische Kenntnisse, aber sehr viel nüchternen gesunden Menschenverstand; seit nunmehr dreizehn Jahren hatte sich niemand seiner Wiederwahl entgegengestellt, und selbst diejenigen, die sich am meisten über seine Miene freundlicher und liebenswürdiger Herablassung ärgerten, stimmten jedesmal für ihn, mit einer Art kindlichem Vertrauen und Glauben. Wir beobachteten ihn also ohne Ungeduld, denn wir wußten, daß es richtig sein würde,

did it, but because he would not permit himself or anyone else to do anything until it was right. So each morning we would see him cross the square at exactly ten minutes past eight o'clock and go on to the courthouse, where the Negro janitor had preceded him by exactly ten minutes, with the clocklike precision with which the block signal presages the arrival of the train, to open the office for the day. The Judge would enter the office, and the Negro would take his position in a wiremended splint chair in the flagged passage which separated the office from the courthouse proper where he would sit all day long and doze, as he had done for seventeen years. Then at five in the afternoon the Negro would wake and enter the office and perhaps wake the Judge too, who had lived long enough to have learned that the onus of any business is usually in the hasty minds of those theoreticians who have no business of their own; and then we would watch them cross the square again in single file and go on up the street toward home, the two of them, eyes front and about fifteen feet apart, walking so erect that the two frock coats made by the same tailor and to the Judge's measure fell from the two pairs of shoulders in single boardlike planes, without intimation of waist or of hips.

Then one afternoon, a little after five o'clock, men began to run suddenly across the square, toward the courthouse. Other men saw them and ran too, their feet heavy on the paving, among the wagons and the cars, their voices tense, urgent, "What? What is it?" "Judge Dukinfield," the word went; and they ran on and entered the flagged passage between the courthouse and the office, where the old Negro in his castoff frock coat stood beating his hands on the air. They passed him and ran into the office. Behind the table the Judge sat, leaning a little back in his chair, quite comfortable.

was er schließlich tat – nicht, weil er es *tat*, sondern weil er weder sich noch anderen gestatten würde, überhaupt etwas zu tun, ehe es richtig war. Jeden Morgen also sahen wir ihn genau zehn Minuten nach acht den Platz überqueren und zum Gerichtsgebäude gehen, wohin ihm der Türsteher, ein Neger, genau zehn Minuten vorausgegangen war – mit der minutiösen Pünktlichkeit eines Bahnsignals, das die Ankunft eines Zuges meldet –, um die Amtsräume aufzuschließen. Der Richter betrat sein Büro, und der Neger nahm Platz auf einem mit Draht geflickten Stuhl aus Lattenholz, in dem fliesenbelegten Durchgang, der das Büro vom eigentlichen Gerichtsgebäude trennte; dort saß und döste er dann den ganzen Tag, wie er es seit siebzehn Jahren getan hatte. Um fünf Uhr nachmittags erwachte der Neger und betrat das Amtszimmer des Richters, der vielleicht seinerseits erwachte, denn er hatte lange genug gelebt, um zu wissen, daß es die Bürde jedes Amtes meist nur in den Gehirnen von Theoretikern gibt, die selber kein Amt bekleiden; und dann konnte man sie im Gänsemarsch den Platz überqueren und die Straße, die nach Hause führte, entlanggehen sehen, beide den Blick geradeaus gerichtet, in fünf Meter Abstand voneinander, so aufrecht schreitend, daß die beiden Gehröcke, vom gleichen Schneider nach den Maßen des Richters gearbeitet, von den jeweiligen Schultern wie ein glattes Brett ohne Andeutung einer Taillen- oder Hüft-Linie herabhingen.

Eines Nachmittags dann, kurz nach fünf Uhr, begannen die Menschen plötzlich über den Platz zum Gericht zu laufen. Andere sahen sie und liefen ebenfalls mit schweren Schritten zwischen Wagen und Autos über das Pflaster, und fragten mit gespannten und dringlichen Stimmen: «Was ist? Was ist denn?» – «Richter Dukinfield!» hieß es. Und sie liefen weiter und betraten den fliesenbelegten Durchgang zwischen dem Gerichtsgebäude und dem Amtszimmer, wo der alte Neger in seinem ererbten Gehrock stand und die Hände in die Luft warf. Sie liefen an ihm vorbei ins Amtszimmer. Hinter dem Schreibtisch saß der Richter, ein wenig in seinem Stuhl zurückgelehnt und ganz behaglich. Die Augen standen weit offen; er war mit einer Kugel erschos-

His eyes were open and he had been shot neatly once through the bridge of the nose, so that he appeared to have three eyes in a row. It was a bullet, yet no man about the square that day, or the old Negro who had sat all day long in the chair in the passage, had heard any sound.

It took Gavin Stevens a long time, that day – he and the little brass box. Because the grand Jury could not tell at first what he was getting at – if any man in that room that day, the jury, the two brothers, the cousin, the old Negro, could tell. So at last the Foreman asked him point blank:

"Is it your contention, Gavin, that there is a connection between Mr. Holland's will and Judge Dukinfield's murder?"

"Yes," the county attorney said. "And I'm going to contend more than that."

They watched him: the jury, the two brothers. The old Negro and the cousin alone were not looking at him. In the last week the Negro had apparently aged fifty years. He had assumed public office concurrently with the Judge; indeed, because of that fact, since he had served the Judge's family for longer than some of us could remember. He was older than the Judge, though until that afternoon a week ago he had looked forty years younger – a wizened figure, shapeless in the voluminous frock coat, who reached the office ten minutes ahead of the Judge and opened it and swept it and dusted the table without disturbing an object upon it, all with a skillful slovenliness that was fruit of seventeen years of practice, and then repaired to the wire-bound chair in the passage to sleep. He seemed to sleep, that is. (The only other way to reach the office was by means of the nar-
150 row private stair which led down from the court-
151 room, used only by the presiding judge during

sen worden, die sehr säuberlich durch die Nasenwurzel gegangen war, so daß er drei Augen in einer Reihe zu haben schien. Es war eine Kugel – dabei hatte an dem Tag weder irgend jemand auf dem Platz draußen noch auch der alte Neger, der die ganze Zeit auf seinem Stuhl gesessen hatte, das geringste Geräusch gehört.

Gavin Stevens brauchte an diesem Tag viel Zeit – er und die kleine Messingdose. Denn zuerst war es dem Schwurgericht nicht klar, worauf er hinaus wollte – falls überhaupt jemandem an diesem Tag und in diesem Zimmer etwas klar war: den Geschworenen, den beiden Brüdern, dem Vetter, dem alten Neger. Schließlich fragte der Obmann direkt:

«Wollen Sie behaupten, Gavin, daß zwischen Mr. Hollands Testament und Richter Dukinfields Ermordung ein Zusammenhang besteht?»

«Ja», sagte der Bezirksanwalt. «Und ich werde noch mehr behaupten!»

Sie beobachteten ihn: die Geschworenen und die beiden Brüder. Nur der alte Neger und der Vetter sahen ihn nicht an. In der vergangenen Woche schien der Neger fünfzig Jahre älter geworden zu sein. Er war gleichzeitig mit dem Richter in den öffentlichen Dienst getreten, und zwar einfach deswegen, weil er länger in den Diensten der Familie des Richters gestanden hatte, als irgend jemand sich erinnern konnte. Er war älter als der Richter, hatte aber bis zu jenem Nachmittag vor einer Woche vierzig Jahre jünger ausgesehen als er – eine eingeschrumpfte Gestalt, wie verloren in dem zu weiten Gehrock, zehn Minuten vor dem Richter das Amtszimmer aufschließend und betretend und ausfegend und den Tisch abstaubend, ohne einen Gegenstand darauf zu verrükken, alles mit einer geschickten Lässigkeit, die das Ergebnis siebzehnjähriger Berufsausübung war, und dann sich zurückziehend auf seinen mit Draht geflickten Stuhl im Durchgang, um zu schlafen. Das heißt, er schien zu schlafen. (Die einzige andere Möglichkeit, das Amtszimmer zu erreichen, war der Weg über die schmale Privattreppe, die vom Gerichtssaal hinunterführte und nur während der Sitzungen vom Richter

court term, who even then had to cross the passage and pass within eight feet of the Negro's chair unless he followed the passage to where it made an L beneath the single window in the office, and climbed through that window.) For no man or woman had ever passed that chair without seeing the wrinkled eyelids of its occupant open instantaneously upon the brown, irisless eyes of extreme age. Now and then we would stop and talk to him, to hear his voice roll in rich mispronunciation of the orotund and meaningless legal phraseology which he had picked up unawares, as he might have disease germs, and which he reproduced with an ex-cathedra profundity that caused more than one of us to listen to the Judge himself with affectionate amusement.

But for all that he was old; he forgot our names at times and confused us with one another; and, confusing our faces and our generations too, he waked sometimes from his light slumber to challenge callers who were not there, who had been dead for many years. But no one had ever been known to pass him unawares.

But the others in the room watched Stevens – the jury about the table, the two brothers sitting at opposite ends of the bench, with their dark identical, aquiline faces, their arms folded in identical attitudes.

"Are you contending that Judge Dukinfield's slayer is in this room?" the Foreman asked.

The county attorney looked at them, at the faces watching him. "I'm going to contend more than that," he said.

"Contend?" Anselm, the younger twin, said. He sat alone at his end of the bench, with the whole span of bench between him and the brother to
152 whom he had not spoken in fifteen years, watching
153 Stevens with a hard, furious, unwinking glare.

selbst benutzt wurde; auch dann mußte man durch den Durchgang hindurch und in zweieinhalb Meter Entfernung am Stuhl des Negers vorbei gehen, es sei denn, man folgte dem Durchgang bis zu einem rechtwinkeligen Knick, befand sich dort unter dem einzigen Fenster des Amtszimmers und kletterte durch das Fenster.) Nun war aber niemand, weder Mann noch Frau, jemals an dem Stuhl vorbeigegangen, ohne zu bemerken, wie sich sogleich die runzeligen Augenlider dessen, der hier saß, über den braunen Augen öffneten, die vor hohem Alter ohne Iris zu sein schienen. Hin und wieder blieb wohl einmal einer stehen und schwatzte mit ihm, um zu hören, wie er mit gänzlich verkehrter Aussprache volltönende sinnlose juristische Sätze herausdonnerte, die er ahnungslos aufgeschnappt hatte wie ansteckende Bazillen und nun mit unerschütterlicher Gewißheit von sich gab, was manch einen von uns veranlaßte, auch dem Richter selber mit liebevollem Vergnügen zuzuhören. Aber wie auch immer, er war alt; hin und wieder vergaß er unsere Namen und verwechselte uns, und da er die Gesichter und auch die Generationen verwechselte, erwachte er manchmal aus seinem leichten Schlummer und rief Besucher an, die gar nicht da, die schon seit Jahren tot waren. Aber keiner hatte erlebt, daß er an ihm vorbeiging, ohne daß er es merkte.

Doch die andern im Sitzungssaal beobachteten Stevens: die am Tisch sitzenden Geschworenen und die beiden Brüder an den entgegengesetzten Enden der Bank mit ihren dunklen, einander ähnlichen adlernasigen Gesichtern und den in gleicher Haltung verschränkten Armen.

«Behaupten Sie, daß Richter Dukinfields Mörder sich in diesem Zimmer befindet?» fragte der Obmann.

Der Bezirksanwalt sah die Geschworenen an, sah in ihre Gesichter, die ihn beobachteten. «Ich werde noch mehr als das behaupten», sagte er.

«Behaupten?» fragte Anselm, der jüngere der Zwillinge. Er saß allein an seinem Ende der Bank, deren ganze Länge zwischen ihm und dem Bruder lag, mit dem er seit fünfzehn Jahren nicht gesprochen hatte; er starrte Stevens mit einem harten, zornigen, unerschrockenen Blick an.

"Yes," Stevens said. He stood at the end of the table. He began to speak, looking at no one in particular, speaking in an easy, anecdotal tone, telling what we already knew, referring now and then to the other twin, Virginius, for corroboration. He told about Young Anse and his father. His tone was fair, pleasant. He seemed to be making a case for the living, telling about how Young Anse left home in anger, in natural anger at the manner in which his father was treating that land which had been his mother's and half of which was at the time rightfully his. His tone was quite just, specious, frank; if anything, a little partial to Anselm, Junior. That was it. Because of that seeming partiality, that seeming glozing, there began to emerge a picture of Young Anse that was damning him to something which we did not then know, damned him because of that very desire for justice and affection for his dead mother, warped by the violence which he had inherited from the very man who had wronged him. And the two brothers sitting there, with that space of frictionsmooth plank between them, the younger watching Stevens with that leashed, violent glare, the elder as intently, but with a face unfathomable. Stevens now told how Young Anse left in anger, and how a year later Virginius, the quieter one, the calmer one, who had tried more than once to keep peace between them, was driven away in turn. And again he drew a specious, frank picture: of the brothers separated, not by the living father, but by what each had inherited from him; and drawn together, bred together, by that land which was not only rightfully theirs, but in which their mother's bones lay.

"So there they were, watching from a distance that good land going to ruin, the house in which they were born and their mother was born falling to pieces because of a crazed old man who at-

«Ja», sagte Stevens. Er stand an der Schmalseite des Tisches. Er begann zu sprechen, ohne jemanden besonders ins Auge zu fassen, und sprach mit unbeteiligter Stimme, als erzähle er eine Geschichte, etwas, das wir schon kannten, und wandte sich ab und zu an den anderen Zwilling, an Virginius, als erwarte er dessen Bestätigung. Er erzählte von dem jungen Anse und seinem Vater. Es klang wohlmeinend und freundlich. Es schien, als spreche er zugunsten des Überlebenden, indem er erzählte, wie der junge Anse sein Elternhaus im Zorn verlassen habe, in berechtigtem Zorn wegen der Art, wie sein Vater mit dem Boden umging, der seiner Mutter gehört hatte und von dem ihm damals die Hälfte rechtmäßig zustand. Es klang völlig gerecht, überzeugend und freimütig, wenn nicht sogar ein wenig eingenommen für Anselm junior. Ja, wirklich! Wegen dieser scheinbaren Eingenommenheit, wegen des scheinbaren Beschönigens entstand ein Bild von dem jungen Anse, wonach er zu etwas verdammt war, das wir noch nicht erkannten, verdammt war duch sein Verlangen nach Gerechtigkeit und durch seine Liebe zur toten Mutter, beides entstellt von der Neigung zur Gewalt, die ein Erbteil von eben dem Mann war, der ihm das Unrecht zugefügt hatte. Da saßen also die beiden Brüder, getrennt durch die Länge der blankgeriebenen Bank; der jüngere starrte Stevens mit Blicken verhaltenen Zorns an, der ältere ebenso gespannt, aber mit unergründlichem Gesicht. Jetzt erzählte Stevens, wie der junge Anse im Zorn fortging und wie dann ein Jahr später Virginius, der ruhigere, der stillere, der mehr als einmal versucht hatte, zwischen Vater und Bruder Frieden zu stiften, aus dem Haus vertrieben wurde. Wieder entwarf Stevens ein ansprechendes und freimütiges Bild: von den Brüdern, zwischen denen nicht der noch lebende Vater stand, sondern das, was jeder von ihm geerbt hatte, und die doch auch verbunden waren, genährt worden waren durch das Land, das rechtmäßig ihnen gehörte und in dem ihrer Mutter sterbliche Reste ruhten.

«In dieser Lage befanden sie sich also: aus der Ferne mußten sie mitansehen, wie das gute Land allmählich verdarb, wie das Haus, in dem sie geboren waren und in dem ihre

tempted at the last, when he had driven them away and couldn't do anything else to them, to deprive them of it for good and all by letting it be sold for nonpayment of taxes. But somebody foiled him there, someone with foresight enough and self-control enough to keep his own counsel about what wasn't anybody else's business anyway so long as the taxes were paid. So then all they had to do was to wait until the old man died. He was old anyway and, even if he had been young, the waiting would not have been very hard for a self-controlled man, even if he did not know the contents of the old man's will. Though that waiting wouldn't have been so easy for a quick, violent man, especially if the violent man happened to know or suspect the substance of the will and was satisfied and, further, knew himself to have been irrevocably wronged; to have had citizenship and good name robbed through the agency of a man who had already despoiled him and had driven him out of the best years of his life among men, to live like a hermit in a hill cabin. A man like that would have neither the time nor the inclination to bother much with either waiting for something or not waiting for it."

They stared at him, the two brothers. They might have been carved in stone, save for Anselm's eyes. Stevens talked quietly, not looking at anyone in particular. He had been county attorney for almost as long as Judge Dukinfield had been chancellor. He was a Harvard graduate: a loose-jointed man with a mop of untidy iron-gray hair, who could discuss Einstein with college professors and who spent whole afternoons among the squatting men against the walls of country stores, talking to them in their idiom. He called these his vacations.

156 "Then in time the father died, as any man who
157 possessed self-control and foresight would have

Mutter geboren war, wegen eines verrückten alten Mannes verfiel, der zu guter Letzt, nachdem er sie fortgejagt hatte und ihnen sonst nichts mehr zufügen konnte, noch versuchte, sie ein für allemal ihres Erbes zu berauben, indem er es wegen unbezahlter Steuern zum Verkauf freigab. Doch das wurde von jemandem vereitelt, der genug Einsicht und Selbstbeherrschung besaß, um seinen Plan für sich zu behalten, der niemand anderen etwas anging, solange die Steuern bezahlt wurden. Daher hatten sie alle nichts weiter zu tun, als auf den Tod des alten Mannes zu warten. Er war alt, aber selbst wenn er jung gewesen wäre, hätte einem beherrschten Mann das Abwarten nicht viel ausgemacht, auch wenn er den Inhalt des Testaments nicht kannte. Für einen hitzigen und heftigen Mann wäre das Warten nicht so leicht gewesen, besonders wenn dieser heftige Mann zufällig den Inhalt des Testaments gekannt oder geahnt hätte und überdies überzeugt gewesen wäre, daß das ihm zugefügte Unrecht unwiderruflich sei und er seines Heimatrechtes und seines guten Namens beraubt werde durch die Handlungsweise eines Mannes, der ihn längst enteignet, um die besten Jahre des Menschenlebens gebracht und gezwungen habe, wie ein Einsiedler in einer Berghütte zu hausen. Ein solcher Mann hätte wohl weder Geduld noch Neigung, sich damit herumzuquälen, ob er auf etwas warten oder ob er nicht warten solle.»

Die beiden Brüder wandten kein Auge von Stevens. Sie hätten Steinbilder sein können, wären nicht Anselms Augen gewesen. Stevens sprach ruhig und ohne jemanden besonders anzublicken. Er war fast ebenso lange Bezirksanwalt gewesen wie Richter Dukinfield Gerichtspräsident. Er hatte in Harvard sein Diplom erhalten: ein nachlässig schlaksiger Mann mit einer Mähne von wirrem eisgrauen Haar, der sich mit Professoren über Einstein unterhalten konnte und ganze Nachmittage mit Männern zubrachte, die an den Wänden der dörflichen Kaufläden lehnten, wo er in ihrem Dialekt mit ihnen schwatzte. Er nannte das seinen Urlaub.

«Dann war es so weit, daß der Vater starb, womit jeder Mann mit einiger Beherrschung und Einsicht hatte rechnen

known. And his will was submitted for probate; and even folks way back in the hills heard what was in it, heard how at last that mistreated land would belong to its rightful owner. Or owners, since Anse Holland knows as well as we do that Virge would no more take more than his rightful half, will or no will, now than he would have when his father gave him the chance. Anse knows that because he knows that he would do the same thing – give Virge his half – if he were Virge. Because they were both born to Anselm Holland, but they were born to Cornelia Mardis too. But even if Anse didn't know, believe, that, he would know that the land which had been his mother's and in which her bones now lie would now be treated right.

So maybe that night when he heard that his father was dead, maybe for the first time since Anse was a child, since before his mother died maybe and she would come upstairs at night and look into the room where he was asleep and go away; maybe for the first time since then, Anse slept. Because it was all vindicated then, you see: the outrage, the injustice, the lost good name, and the penitentiary stain – all gone now like a dream. To be forgotten now, because it was all right. By that time, you see, he had got used to being a hermit, to being alone; he could not have changed after that long. He was happier where he was, alone back there. And now to know that it was all past like a bad dream, and that the land, his mother's land, her heritage and her mausoleum, was now in the hands of the one man whom he could and would trust, even though they did not speak to each other. Don't you see?"

We watched him as we sat about the table which
158 had not been disturbed since the day Judge Duk-
159 infield died, upon which lay still the objects which

können. Sein Testament wurde zur amtlichen Prüfung vorgelegt, und selbst die Leute im hintersten Bergdorf hörten, was darin stand, und hörten, daß der so schlecht bestellte Grund und Boden endlich seinem rechtmäßigen Eigentümer anheimfallen würde. Vielmehr seinen Eigentümern, denn Anse Holland weiß so gut wie wir, daß Virge nicht mehr als die ihm zustehende Hälfte nehmen würde, Testament hin oder her, und zwar heute ebensowenig wie damals, wenn sein Vater ihm die Gelegenheit gegeben hätte. Anse weiß es, weil er auch weiß, daß er genauso handeln würde – das heißt: Virgin seine Hälfte abgeben –, wenn er an Virgins Stelle wäre. Denn sie beide sind zwar Kinder von Anselm Holland, aber sie sind auch Kinder von Cornelia Mardis. Aber selbst wenn Anse das nicht gewußt oder geglaubt hätte, so hätte er doch gewußt, daß der Grund und Boden, der seiner Mutter gehört hatte und in dem ihre Gebeine ruhten, von nun an gut behandelt würde. Darum war vielleicht die Nacht, als Anse vom Tod seines Vaters gehört hatte, die erste seit seiner Kindheit, seit der Zeit vor dem Tode seiner Mutter, wenn sie abends nach oben kam und ins Zimmer schaute, in dem er schlief, und wieder ging – diese Nacht war vielleicht seit damals die erste, in der Anse schlafen konnte. Denn nun war alles gesühnt, nicht wahr: die Kränkung, die Ungerechtigkeit, der Verlust des guten Namens und der Schandfleck seiner Haft – alles war jetzt verflogen wie ein Traum. Es konnte jetzt vergessen werden, alles hatte seine Richtigkeit. Und mittlerweile hatte er sich daran gewöhnt, nicht wahr, wie ein Einsiedler zu leben, allein zu sein; er hätte sich nach so langer Zeit nicht mehr umstellen können. Er war glücklicher, wo er war – allein und zurückgezogen. Und nun zu wissen, daß alles wie ein böser Traum vergangen war und daß das Land, der Besitz seiner Mutter, ihr Erbe und ihre Grabstätte, jetzt in den Händen desjenigen war, dem er trauen konnte und wollte, selbst wenn sie nicht miteinander sprachen. Verstehen Sie?»

Wir sahen ihn an, während wir an dem Tisch saßen, der seit dem Tag, an dem der Richter Dukinfield starb, nicht angetastet worden war und auf dem noch die Dinge lagen,

had been, next to the pistol muzzle, his last sight on earth, and with which we were all familiar for years – the papers, the foul inkwell, the stubby pen to which the Judge clung, the small brass box which had been his superfluous paper weight. At their opposite ends of the wooden bench, the twin brothers watched Stevens, motionless, intent.

"No, we don't see," the Foreman said. "What are you getting at? What is the connection between all this and Judge Dukinfield's murder?"

"Here it is," Stevens said. "Judge Dukinfield was validating that will when he was killed. It was a queer will; but we all expected that of Mr. Holland. But it was all regular, the beneficiaries are all satisfied; we all know that half of that land is Anse's the minute he wants it. So the will is all right. Its probation should have been just a formality. Yet Judge Dukinfield had had it in abeyance for over two weeks when he died. And so that man who thought that all he had to do was to wait –"

"What man?" the Foreman said.

"Wait," Stevens said. "All that man had to do was to wait. But it wasn't the waiting that worried him, who had already waited fifteen years. That wasn't it. It was something else, which he learned (or remembered) when it was too late, which he should not have forgotten; because he is a shrewd man, a man of self-control and foresight; self-control enough to wait fifteen years for his chance, and foresight enough to have prepared for all the incalculables except one: his own memory. And when it was too late, he remembered that there was another man who would also know what he
160 had forgotten about. And that other man who
161 would know it was Judge Dukinfield. And that

die er – außer der Pistolenmündung – als Letztes auf Erden erblickt hatte und mit denen wir alle seit Jahren vertraut waren: die Aktenmappen, das verkleckste Tintenfaß, den stummeligen Federhalter, an dem der Richter so gehangen hatte, und die kleine Messingdose, die sein gar nicht benötigter Briefbeschwerer war. Die beiden Zwillingsbrüder saßen jeder an seinem Ende der hölzernen Bank und beobachteten Stevens – unbeweglich, voll Spannung.

«Nein, wir verstehen nicht», sagte der Obmann. «Worauf wollen Sie hinaus? Was hat das alles mit der Ermordung des Richters Dukinfield zu tun?»

«Das kommt jetzt», sagte Stevens. «Richter Dukinfield war im Begriff, das Testament rechtskräftig zu machen, als er ermordet wurde. Es war ein wunderliches Testament, aber das hatten wir alle von Mr. Holland nicht anders erwartet. Es war durchaus in Ordnung, und die testamentarisch Bedachten sind alle befriedigt; wir wissen alle, daß die Hälfte der Farm an Anse fällt, sowie er Anspruch darauf erhebt. Das Testament ist also in Ordnung, und seine gerichtliche Bestätigung wäre eigentlich nur eine Formsache gewesen. Und doch hatte Richter Dukinfield es die vierzehn Tage vor seinem Tod unerledigt gelassen. Und daher war der Mann, der glaubte, er brauche nichts weiter zu tun als zu warten ...»

«Welcher Mann?» fragte der Obmann.

«Warten Sie», sagte Stevens. «Der Mann glaubte, er brauche nichts weiter zu tun als zu warten. Aber es war nicht das Warten, was ihn beunruhigte, denn gewartet hatte er schon seit fünfzehn Jahren. Nein, das war es nicht. Es war etwas anderes, etwas, das er erfuhr (oder woran er sich erinnerte), als es bereits zu spät war, etwas, das er nicht hätte vergessen dürfen, denn er ist ein scharfsinniger Mann, einer, der sich beherrschen und voraussehen kann, so gut beherrschen, daß er fünfzehn Jahre lang auf den richtigen Augenblick wartet, und so weit voraussehen, daß er gegen alles Unvorhergesehene gewappnet ist – bis auf eins: eine Lücke in seinem Gedächtnis. Erst als es zu spät war, fiel ihm wieder ein, daß da noch ein anderer war, der das wußte, was er vergessen hatte. Der andere, der das wußte, war der Richter

thing which he would also know was that that horse could not have killed Mr. Holland."

When his voice ceased there was no sound in the room. The jury sat quietly about the table, looking at Stevens. Anselm turned his leashed furious face and looked once at his brother, then he looked at Stevens again, leaning a little forward now. Virginius had not moved; there was no change in his grave, intent expression. Between him and the wall the cousin sat. His hands lay on his lap and his head was bowed a little, as though he were in church. We knew of him only that he was some kind of an itinerant preacher, and that now and then he gathered up strings of scrubby horses and mules and took them somewhere and swapped or sold them.

Because he was a man of infrequent speech who in his dealings with men betrayed such an excruciating shyness and lack of confidence that we pitied him, with that kind of pitying disgust you feel for a crippled worm, dreading even to put him to the agony of saying "yes" or "no" to a question. But we heard how on Sundays, in the pulpits of country churches, he became a different man, changed; his voice then timbrous and moving and assured out of all proportion to his nature and his size.

"Now, imagine the waiting," Stevens said, "with that man knowing what was going to happen before it had happened, knowing at last that the reason why nothing was happening, why that will had apparently gone into Judge Dukinfield's office and then dropped out of the world, out of the knowledge of man, was because he had forgotten something which he should not have forgotten. And that was that Judge Dukinfield also knew that Mr. Holland was not the man who beat that horse. He knew that Judge Dukinfield

Dukinfield. Und das, was der ebenfalls wußte, war dies: daß der Schimmel nicht die Ursache von Mr. Hollands Tod war.»

Als Stevens schwieg, war kein Laut im Zimmer zu hören. Die Geschworenen saßen still am Tisch und sahen ihn an. Anselm drehte sein verzerrtes und grimmiges Gesicht nach der Seite und warf seinem Bruder einen kurzen Blick zu, dann faßte er wieder Stevens ins Auge, beugte sich jetzt ein wenig vor. Virginius hatte sich nicht gerührt; sein ernster, gespannter Ausdruck hatte sich nicht geändert. Zwischen ihm und der Wand saß der Vetter. Der hatte die Hände auf dem Schoß liegen und den Kopf hatte er ein wenig gesenkt, als wäre er in der Kirche. Wir wußten von ihm nur, daß er eine Art Wanderprediger war, und daß er gelegentlich eine Koppel struppiger Pferdchen und Maultiere zusammenbrachte und sie irgendwo hinbrachte und dort verkaufte oder tauschte. Er war ein Mensch, der nur wenig sprach, einer, der im Umgang mit anderen Menschen eine so qualvolle Schüchternheit und einen solchen Mangel an Selbstbewußtsein zeigte, daß er unser Mitleid erregte, und zwar die Art von mitleidigem Widerwillen, die man für einen getretenen Wurm empfindet, so daß wir uns scheuten, ihn der Qual auszusetzen, eine Frage mit «ja» oder «nein» beantworten zu müssen. Doch hatten wir vernommen, daß er sich sonntags auf den Kanzeln der Dorfkirchen in einen ganz anderen Mann verwandelte; seine Stimme wurde da volltönend und eindringlich und selbstsicher, ganz im Gegensatz zu seinem Wesen und zu seiner Gestalt.

«Nun stellen Sie sich das Warten dieses Mannes vor», sagte Stevens, «der wußte, was geschehen würde, noch ehe es geschah, der nun endlich wußte, daß der Grund, weshalb nichts geschah, weshalb das Testament vor aller Augen in das Amtszimmer des Richters Dukinfield gelangt, aber dann wie von der Erdoberfläche verschwunden war und jedermann entzogen blieb, einfach der war, daß er selber etwas vergessen hatte, was er nicht hätte vergessen dürfen. Und zwar: daß auch Richter Dukinfield wußte, daß es nicht Mr. Holland gewesen war, der das Pferd geschlagen hatte. Er wußte, daß Richter Dukinfield wußte, daß der Mann, der das Pferd mit

knew that the man who struck that horse with that stick so as to leave marks on its back was the man who killed Mr. Holland first and then hooked his foot in that stirrup and struck that horse with a stick to make it bolt. But the horse didn't bolt. The man knew beforehand that it would not; he had known for years that it would not, but he had forgotten that. Because while it was still a colt it had been beaten so severely once that ever since, even at the sight of a switch in the rider's hand, it would lie down on the ground, as Mr. Holland knew, and as all who were close to Mr. Holland's family knew. So it just lay down on top of Mr. Holland's body. But that was all right too, at first; that was just as well. That's what that man thought for the next week or so, lying in his bed at night and waiting, who had already waited fifteen years. Because even then, when it was too late and he realized that he had made a mistake, he had not even then remembered all that he should never have forgotten. Then he remembered that too, when it was too late, after the body had been found and the marks of the stick on the horse seen and remarked and it was too late to remove them. They were probably gone from the horse by then, anyway. But there was only one tool he could use to remove them from men's minds. Imagine him then, his terror, his outrage, his feeling of having been tricked by something beyond retaliation: that furious desire to turn time back for just one minute, to undo or to complete when it is too late. Because the last thing which he remembered when it was too late was that Mr. Holland had bought that horse from Judge Dukinfield, the man who was sitting here at this table, passing on the validity of a will giving away two thousand acres of some of the best land in the county. And he waited, since he had but one tool

dem Stock so geschlagen hatte, daß auf dem Rücken des Pferdes Striemen entstanden, der gleiche war, der erst Mr. Holland getötet und dann seinen Fuß im Steigbügel verhakt und schließlich das Pferd mit dem Stock geprügelt hatte, damit es durchgehe. Aber das Pferd ging nicht durch. Der Mann wußte von vornherein, daß es nicht durchgehen würde; jahrelang hatte er gewußt, daß es nicht durchgehen würde, aber dann hatte er es vergessen. Als es nämlich noch ein Fohlen gewesen war, war es einmal so grausam geschlagen worden, daß es sich seitdem beim bloßen Anblick einer Gerte in der Hand eines Reiters sofort auf die Erde legte – was Mr. Holland wußte und was auch alle anderen wußten, die Mr. Hollands Familie nahestanden. Darum hatte es sich nur hingelegt, auf Mr. Hollands Körper. Doch das war ihm auch recht, fürs erste; es war eigentlich ebenso gut. So dachte der Mann etwa eine Woche lang, wenn er nachts in seinem Bett lag und wartete – er, der schon seit fünfzehn Jahren wartete. Weil er nämlich sogar da, als es zu spät war und er merkte, daß er einen Fehler gemacht hatte, sich nicht an alles erinnerte, was er nie hätte vergessen dürfen. Jetzt fiel ihm auch dies ein – als es zu spät war und die Leiche gefunden und die Spuren der Stockschläge auf dem Pferd gesehen und beachtet worden waren und man sie nicht mehr entfernen konnte. Vielleicht waren sie inzwischen auf dem Pferd gar nicht mehr zu sehen. Doch um sie aus dem Bewußtsein der Leute zu entfernen, dafür konnte er nur ein einziges Werkzeug benutzen. Stellen Sie sich bitte den Mann vor, sein Entsetzen, seine Empörung, sein Gefühl, von einem Mißgeschick erwischt worden zu sein und es nicht rückgängig machen zu können – dieses ungestüme Verlangen, die Zeit zurückzudrehen auf eine bestimmte Minute, um etwas ungeschehen zu machen oder völlig richtig zu machen, wofür es jetzt zu spät ist! Die letzte Einzelheit, an die er sich erinnerte, als es bereits zu spät war, war die, daß Mr. Holland das Pferd von Richter Dukinfield gekauft hatte, von dem Mann, der hier an diesem Tisch gesessen hat, um die Gültigkeit eines Testaments zu prüfen, das achthundert Hektar besten Bodens in unserem Gebiet zu vergeben hatte.

that would remove those stick marks, and nothing happened. And nothing happened, and he knew why. And he waited as long as he dared, until he believed that there was more at stake than a few roods and squares of earth. So what else could he do but what he did?"

His voice had hardly ceased before Anselm was speaking. His voice was harsh, abrupt. "You're wrong," he said.

As one, we looked at him where he sat forward on the bench, in his muddy boots and his worn overalls, glaring at Stevens; even Virginius turned and looked at him for an instant. The cousin and the old Negro alone had not moved. They did not seem to be listening.

"Where am I wrong?" Stevens said.

But Anselm did not answer. He glared at Stevens. "Will Virginius get the place in spite of . . . of . . ."

"In spite of what?" Stevens said.

"Whether he . . . that. . . ."

"You mean your father? Whether he died or was murdered?"

"Yes," Anselm said.

"Yes. You and Virge get the land whether the will stands up or not, provided, of course, that Virge divides with you if it does. But the man that killed your father wasn't certain of that and he didn't dare to ask. Because he didn't want that. He wanted Virge to have it all. That's why he wants that will to stand."

"You're wrong," Anselm said, in that harsh, sudden tone. "I killed him. But it wasn't because of that damned farm. Now bring on your sheriff."

And now it was Stevens who, gazing steadily at Anselm's furious face, said quietly: "And I say that you are wrong, Anse."

Er wartete, da er nur ein einziges Werkzeug hatte, das die Spuren der Stockhiebe beseitigen konnte, und nichts geschah. Nichts geschah, und er wußte, warum. Und er wartete, solange er sich zu warten getraute und bis er überzeugt war, daß mehr auf dem Spiel stand als nur ein paar Morgen oder Quadratmeilen Ackerland. Was konnte er also anderes tun, als was er getan hat?»

Stevens hatte kaum zu reden aufgehört, als Anselm das Wort ergriff. Seine Stimme war rauh und schroff. «Sie täuschen sich», sagte er.

Alle Mann sahen wir dorthin, wo er vorgebeugt auf der Bank saß, in schmutzigen Stiefeln und abgetragenem Overall, und Stevens anfunkelte; sogar Virginius wandte sich ihm zu und sah ihn einen Augenblick an. Der Vetter und der alte Neger waren die einzigen, die sich nicht rührten. Sie schienen nicht zuzuhören.

«Worin täusche ich mich?» fragte Stevens.

Aber Anselm antwortete nicht. Er funkelte Stevens an. «Bekommt Virginius das Gut, trotzdem ... trotzdem ...»

«Trotz was?» fragte Stevens.

«Obwohl er ... daß ...»

«Sprechen Sie von Ihrem Vater? Ob er gestorben oder ermordet worden ist?»

«Ja», sagte Anselm.

«Doch. Sie und Virge bekommen das Gut, einerlei, ob das Testament gültig ist oder nicht – vorausgesetzt natürlich, daß Virge mit Ihnen teilt, falls es gültig ist. Aber der Mann, der Ihren Vater getötet hat, war dessen nicht sicher, und zu fragen getraute er sich nicht. Denn eine Teilung wollte er nicht. Er wollte, Virge sollte das Ganze bekommen. Darum wollte er, daß das Testament als gültig bestätigt würde.»

«Sie täuschen sich», sagte Anselm mit seiner rauhen, heftigen Stimme. «Ich habe ihn getötet. Aber nicht wegen der verdammten Farm. Lassen Sie also Ihren Sheriff kommen!»

Und nun war es Stevens, der Anselms grimmiges Gesicht unerschüttert ansah und ruhig sagte: «Und ich sage, daß Sie sich täuschen, Anse!»

For some time after that we who watched and listened dwelt in anticlimax, in a dreamlike state in which we seemed to know beforehand what was going to happen, aware at the same time that it didn't matter because we should soon wake. It was as though we were outside of time, watching events from outside; still outside of and beyond time since that first instant when we looked again at Anselm as though we had never seen him before. There was a sound, a slow, sighing sound, not loud; maybe of relief – something. Perhaps we were all thinking how Anse's nightmare must be really over at last; it was as though we too had rushed suddenly back to where he lay as a child in his bed and the mother who they said was partial to him, whose heritage had been lost to him, and even the very resting place of her tragic and long quiet dust outraged, coming in to look at him for a moment before going away again. Far back down time that was, straight though it be. And straight though that corridor was, the boy who had lain unaware in that bed had got lost in it, as we all do, must, ever shall; that boy was as dead as any other of his blood in that violated cedar grove, and the man at whom we looked, we looked at across the irrevocable chasm, with pity perhaps, but not with mercy. So it took the sense of Stevens' words about as long to penetrate to us as it did to Anse; he had to repeat himself, "Now I say that you are wrong, Anse."

"What?" Anse said. Then he moved. He did not get up, yet somehow he seemed to lunge suddenly, violently. "You're a liar. You –"

"You're wrong, Anse. You didn't kill your father. The man who killed your father was the man who could plan and conceive to kill that old man who sat here behind this table every day, day after day, until an old Negro would come in and

Eine Weile saßen wir Zuschauer und Zuhörer benommen da, in einem traumartigen Zustand, und meinten vor uns zu sehen, was nun geschehen würde, und wußten doch zugleich, daß es nicht darauf ankam, denn wir würden bald erwachen. Es war, als befänden wir uns außerhalb der Zeit und beobachteten von außen her, was sich abspielte; außerhalb und jenseits der Zeit seit dem Augenblick, da wir Anselm mit gänzlich neuen Augen anschauten. Da war ein Geräusch zu hören, ein leises Seufzen, nicht laut; vielleicht von Erleichterung – irgend so etwas. Vielleicht dachten wir alle, Anselms Albdruck müsse nun endlich verflogen sein; es war, als wären auch wir plötzlich in die Zeit zurück versetzt, da er als kleines Kind in seinem Bett lag und seine Mutter – von der es hieß, sie liebe ihn besonders, und deren Erbschaft ihm entgangen und deren letzter Aufenthalt, deren längst zur Ruhe gekommener trauriger Staub schändlich entweiht worden war – hereinkam und kurz nach ihm schaute und wieder ging. Weit zurück lag jene Zeit, so schnurgerade die Verbindung dorthin auch sein mochte. So gerade die Strecke auch war, der Junge, der damals ahnungslos in seinem Bett lag, hatte sich doch verlaufen, wie wir es alle tun, tun müssen, immer tun werden; der Junge war so tot wie alle anderen seines Blutes in dem geschändeten Zedernhain; den Mann, den wir ansahen, sahen wir über einen unwiderruflichen Abgrund hinweg an, vielleicht mitleidig, aber nicht mit Erbarmen. Darum brauchte es bei uns fast so lange wie bei Anse, bis der Sinn von Stevens' Worten ins Bewußtsein drang; Stevens mußte sie wiederholen: «Ich behaupte, Anse, daß sie sich täuschen.»

«Was?» fragte Anse. Jetzt erst bewegte er sich. Er stand nicht auf, aber irgendwie schien er jählings und heftig auszuholen. «Sie sind ein Lügner! Sie ...»

«Sie täuschen sich, Anse. Sie haben Ihren Vater nicht getötet. Der Mann, der Ihren Vater getötet hat, war der gleiche Mann, der sich ausdenken und planen konnte, den alten Mann zu töten, der hier jeden Tag, Tag für Tag hinter diesem Tisch saß, bis ein alter Neger hereinkam und ihn weckte und ihm sagte, es sei Zeit, nach Hause zu gehen – ein

wake him and tell him it was time to go home – a man who never did man, woman, or child aught but good as he believed that he and God saw it. It wasn't you that killed your father. You demanded of him what you believed was yours, and when he refused to give it, you left, went away, never spoke to him again. You heard how he was mistreating the place but you held your peace, because the land was just 'that damned farm.' You held your peace until you heard how a crazy man was digging up the graves where your mother's flesh and blood and your own was buried. Then, and then only, you came to him, to remonstrate. But you were never a man to remonstrate, and he was never a man to listen to it. So you found him there, in the grove, with the shotgun. I didn't even expect you paid much attention to the shotgun. I reckon you just took it away from him and whipped him with your bare hands and left him there beside the horse; maybe you thought that he was dead. Then somebody happened to pass there after you were gone and found him; maybe that someone had been there all the time, watching. Somebody that wanted him dead too; not in anger and outrage, but by calculation. For profit, by a will, maybe. So he came there and he found what you had left and he finished it: hooked your father's foot in that stirrup and tried to beat that horse into bolting to make it look well, forgetting in his haste what he should not have forgot. But it wasn't you. Because you went back home, and when you heard what had been found, you said nothing. Because you thought something at the time which you did not even say to yourself. And when you heard what was in the will you believed that you knew. And you were glad then. Because you had lived
170 alone until youth and wanting things were gone
171 out of you; you just wanted to be quiet as you

Mann, der nie jemandem, Mann, Frau oder Kind, etwas anderes als Gutes getan hat, denn er glaubte, daß nur er und Gott es sähen. Nicht Sie haben Ihren Vater umgebracht! Sie verlangten von ihm, was Sie für Ihr Eigentum hielten, und als er sich weigerte, es Ihnen zu geben, da gingen Sie; Sie gingen fort und sprachen nie wieder mit ihm. Sie hörten, wie schlecht er das Land bewirtschaftete, doch Sie gaben sich zufrieden, weil das Land bloß «die verdammte Farm» war. Sie gaben sich zufrieden, bis Sie hörten, daß ein Verrückter die Gräber aufbrach, in denen Ihrer Mutter Blutsverwandte begraben lagen, die auch Ihre eigenen waren. Da erst, nicht schon vorher, gingen Sie zu ihm, um Einspruch zu erheben. Doch Sie waren nicht der Mann, Einspruch zu erheben, und er war nicht der Mann, Einspruch zu beachten. Darum fanden Sie ihn dort im Zedernhain mit dem Gewehr. Ich glaube gar nicht, daß Sie dem Gewehr große Bedeutung beigelegt haben. Ich stelle mir nur vor, daß Sie es ihm einfach weggenommen und ihn mit ihren bloßen Fäusten durchgeprügelt und dann neben seinem Pferd liegen gelassen haben. Vielleicht meinten Sie, daß er tot war. Nachdem Sie fortgegangen waren, kam zufällig jemand vorbei und fand ihn; vielleicht war dieser Jemand die ganze Zeit über dagewesen und hatte alles beobachtet. Jemand, der ebenfalls seinen Tod wünschte – nicht, weil er zornig oder gekränkt war, sondern aus Berechnung. Vielleicht, um Nutzen aus einem Testament zu ziehen. Er trat also näher und fand, was Sie unfertig liegen gelassen hatten, und beendete es: er befestigte den Fuß Ihres Vaters im Steigbügel und versuchte, das Pferd mit Schlägen zum Durchgehen zu bewegen, damit es ganz natürlich aussähe, und vergaß in der Eile, was er nicht hätte vergessen sollen. Doch Sie waren es nicht. Denn Sie gingen nach Hause, und als Sie hörten, was man vorgefunden hatte, schwiegen Sie. Weil Sie damals etwas glaubten, was Sie nicht einmal sich selber sagen wollten. Und als Sie hörten, was in dem Testament stand, da glaubten Sie, Gewißheit zu haben. Und da waren Sie froh, denn Sie hatten so lange allein gelebt, bis Jugend und Sehnsüchte von Ihnen gewichen waren, und Sie wollten nichts weiter als Frieden, Frieden für

wanted your mother's dust to be quiet. And besides, what could land and position among men be to a man without citizenship, with a blemished name?"

We listened quietly while Stevens' voice died in that little room in which no air ever stirred, no draft ever blew because of its position, its natural lee beneath the courthouse wall.

"It wasn't you that killed your father or Judge Dukinfield either, Anse. Because if that man who killed your father had remembered in time that Judge Dukinfield once owned that horse, Judge Dukinfield would be alive to-day."

We breathed quietly, sitting about the table behind which Judge Dukinfield had been sitting when he looked up into the pistol. The table had not been disturbed. Upon it still lay the papers, the pens, the inkwell, the small, curiously chased brass box which his daughter had fetched him from Europe twelve years ago – for what purpose neither she nor the Judge knew, since it would have been suitable only for bath salts or tobacco, neither of which the Judge used – and which he had kept for a paper weight, that, too, superfluous where no draft ever blew. But he kept it there on the table, and all of us knew it, had watched him toy with it while he talked, opening the spring lid and watching it snap viciously shut at the slightest touch.

When I look back on it now, I can see that the rest of it should not have taken as long as it did. It seems to me now that we must have known all the time; I still seem to feel that kind of disgust without mercy which after all does the office of pity, as when you watch a soft worm impaled on a pin, when you feel that retching revulsion – would even use your naked palm in place of nothing at all, thinking, "Go on. Mash it. Smear it. Get it

sich und für die Gebeine Ihrer Mutter. Abgesehen davon: was konnten Grund und Boden und eine Stellung unter Mitbürgern einem Manne bedeuten, der seine Bürgerrechte verloren hatte und dessen Name entehrt war?»

Wir lauschten stumm, wie Stevens' Stimme in dem kleinen Raum verklang, in dem sich nie ein Lufthauch regte, in dem wegen seiner Lage nie ein Durchzug entstand, denn durch das Gerichtsgebäude war er windgeschützt.

«Sie haben weder Ihren Vater getötet, Anse, noch den Richter Dukinfield. Wenn nämlich der Mann, der Ihren Vater getötet hat, rechtzeitig daran gedacht hätte, daß das Pferd früher dem Richter Dukinfield gehört hatte, dann wäre der Richter heute noch am Leben.»

Wir atmeten leise und saßen an dem Tisch, an dem der Richter gesessen hatte, als er aufblickte und die auf ihn gerichtete Pistolenmündung sah. Der Tisch war nicht angerührt worden. Da lagen noch immer die Aktenmappen und die Federn, hier stand das Tintenfaß und dort die kleine, seltsam ziselierte Messingdose, die ihm seine Tochter vor zwölf Jahren aus Europa mitgebracht hatte – zu welchem Zweck, das wußte weder sie noch der Richter, denn sie war nur für Badesalz oder Tabak geeignet, und der Richter benutzte keines von beiden – und die er als Briefbeschwerer bereithielt, was ebenfalls unnötig war, da hier nie ein Luftzug wehte. Aber er hatte sie immer hier auf dem Tisch, und wir alle kannten sie und hatten mit angesehen, wie er damit spielte, während er sprach, und wie er den Deckel mit dem Schnappschloß öffnete und bei der geringsten Berührung boshaft zuschnappen sah.

Wenn ich jetzt zurückdenke, finde ich, daß der Schluß der Sitzung nicht so lange hätte dauern müssen; es kommt mir so vor, als hätten wir es schon die ganze Zeit über begriffen, und es ist mir, als spürte ich noch immer den Ekel ohne Erbarmen, der zuletzt an Stelle des Mitleids tritt, wenn man zum Beispiel einen weichen Wurm auf einer Nadel aufgespießt sieht und einen Brechreiz bekommt und es doch mit der bloßen Hand tut, wenn man sonst nichts hat, und denkt: «Los! Zerdrück ihn! Zerquetsch ihn! Mach Schluß damit!»

over with." But that was not Stevens' plan. Because he had a plan, and we realized afterward that, since he could not convict the man, the man himself would have to. And it was unfair, the way he did it; later we told him so. ("Ah," he said. "But isn't justice always unfair? Isn't it always composed of injustice and luck and platitude in unequal parts?")

But anyway we could not see yet what he was getting at as he began to speak again in that tone – easy, anecdotal, his hand resting now on the brass box. But men are moved so much by preconceptions. It is not realities, circumstances, that astonish us; it is the concussion of what we should have known, if we had only not been so busy believing what we discover later we had taken for the truth for no other reason than that we happened to be believing it at the moment. He was talking about smoking again, about how a man never really enjoys tobacco until he begins to believe that it is harmful to him, and how non-smokers miss one of the greatest pleasures in life for a man of sensibility: the knowledge that he is succumbing to a vice which can injure himself alone.

"Do you smoke, Anse?" he said.

"No," Anse said.

"You don't either, do you, Virge?"

"No," Virginius said. "None of us ever did – father or Anse or me. We heired it, I reckon."

"A family trait," Stevens said. "Is it in your mother's family too? Is it in your branch, Granby?"

The cousin looked at Stevens, for less than a moment. Without moving he appeared to writhe slowly within his neat, shoddy suit. "No sir. I never used it."

"Maybe because you are a preacher," Stevens said. The cousin didn't answer. He looked at Ste-

Doch das lag nicht in Stevens' Plan. Er hatte nämlich einen Plan, und wir begriffen es hinterher: weil Stevens den Mann nicht überführen konnte, mußte sich der Mann selber überführen. Es war unfair, wie Stevens es machte; hinterher sagten wir es ihm. («Oh», antwortete er, «ist denn Gerechtigkeit nicht immer unfair? Kommt sie nicht immer durch eine Mischung aus Ungerechtigkeit, Glückszufall und Banalität zustande?»)

Jedenfalls konnten wir noch nicht sehen, worauf er hinaus wollte, als er wieder in jenem Ton zu sprechen begann: gleichmütig, wie ein Geschichten-Erzähler, jetzt mit der Hand auf der Messingdose. Doch die Menschen sind so sehr von vorgefaßten Meinungen bestimmt. Nicht die Gegebenheiten und Umstände setzen uns in Erstaunen, sondern das Zusammentreffen von Dingen, die wir hätten erkennen sollen, wenn wir nur nicht so fest an etwas geglaubt hätten, wovon wir später merken, daß wir es aus keinem anderen Grunde für wahr hielten, als weil wir es zu jenem Zeitpunkt zufällig glaubten. Er sprach nun vom Rauchen, und wie ein Mann den Tabak noch gar nicht richtig genießt, ehe er zu glauben beginnt, daß er ihm schadet, und wie den Nichtrauchern eine der größten Daseinsfreuden eines sensiblen Menschen entgeht: das Bewußtsein, einem Laster zu frönen, das nur ihm selber schaden kann.

«Rauchen Sie, Anse?» fragte er.

«Nein», antwortete Anse.

«Und Sie auch nicht, Virge, oder?»

«Nein», antwortete Virginius. «Keiner von uns hat je geraucht, weder Vater noch Anse noch ich. Es liegt wohl in der Familie.»

«Ein Familienmerkmal!» sagte Stevens. «Auch in der Familie Ihrer Mutter? In Ihrer Linie, Granby?»

Der Vetter sah Stevens an – kaum eine Sekunde lang. Ohne sich zu rühren, schien er sich in seinem ordentlichen, aber billigen Anzug langsam zu winden. «Ich habe nie geraucht, Sir.»

«Vielleicht, weil Sie Prediger sind», sagte Stevens. Der Vetter gab keine Antwort darauf. Mit seinem sanften, noch

vens again, with his mild, still hopelessly abashed face. "I've always smoked," Stevens said. "Ever since I finally recovered from being sick at it at the age of fourteen. That's a long time, long enough to have become finicky about tobacco. But most smokers are, despite the psychologists and the standardized tobacco. Or maybe it's just cigarettes that are standardized. Or maybe they are just standardized to laymen, nonsmokers. Because I have noticed how non-smokers are apt to go off half cocked about tobacco, the same as the rest of us go off half cocked about what we do not ourselves use, are not familiar with, since man is led by his pre- (or mis-) conceptions. Because you take a man who sells tobacco even though he does not use it himself, who watches customer after customer tear open the pack and light the cigarette just across the counter from him. You ask him if all tobacco smells alike, if he cannot distinguish one kind from another by the smell. Or maybe it's the shape and color of the package it comes in; because even the psychologists have not yet told us just where seeing stops and smelling begins, or hearing stops and seeing begins. Any lawyer can tell you that."

Again the Foreman checked him. We had listened quietly enough, but I think we all felt that to keep the murderer confused was one thing, but that we, the jury, were another. "You should have done all this investigating before you called us together," the Foreman said. "Even if this be evidence, what good will it do without the body of the murderer be apprehended? Conjecture is all well enough –"

"All right," Stevens said. "Let me conjecture a little more, and if I don't seem to progress any, you tell me so, and I'll stop my way and do yours. And I expect that at first you are going to call this taking a right smart of liberty even with conjecture.

immer hoffnungslos schüchternen Blick sah er Stevens wieder an. «Ich», sagte Stevens, «habe stets geraucht. Immer, seit mir endlich nicht mehr schlecht wurde vom Tabak, da war ich vierzehn. Das ist lange her, so lange, daß ich in der Wahl meines Tabaks heikel geworden bin. Das sind die meisten Raucher, trotz Psychologen und genormten Tabaksorten. Oder vielleicht sind auch nur die Zigarettensorten genormt. Oder vielleicht kommen sie auch nur den Laien, den Nichtrauchern, genormt vor. Ich habe beobachtet, wie Nichtraucher in Tabakfragen leicht vorschnell urteilen, genau wie wir alle vorschnell über etwas urteilen, was wir nicht selber tun, womit wir nicht vertraut sind, denn der Mensch läßt sich von seinen vorgefaßten (oder falsch gefaßten) Meinungen leiten. Nehmen Sie zum Beispiel einen Mann, der Tabak verkauft, auch wenn er selber nicht raucht, der mit ansieht, wie ein Kunde nach dem andern vor seiner Nase am Ladentisch das Päckchen aufreißt und sich eine Zigarette ansteckt. Fragen Sie ihn, ob aller Tabak für ihn gleich riecht, ob er nicht am Geruch die eine Sorte von der anderen unterscheiden kann. Oder ob es die Form und Farbe der Packung ist, in der der Tabak geliefert wird; sogar die Psychologen können noch nicht genau sagen, wo das Sehen endet und das Riechen beginnt, oder wo das Hören endet und das Sehen beginnt. Das kann Ihnen jeder Anwalt bestätigen.»

Wieder unterbrach ihn der Obmann. Wir hatten ziemlich geduldig zugehört, aber ich glaube, wir fanden alle, daß es sehr wohl ein Unterschied sei, ob man einen Mörder im Ungewissen tappen läßt oder uns, die Geschworenen. «Sie hätten sämtliche Ermittlungen vornehmen sollen, ehe Sie uns hier zusammenriefen», sagte der Obmann. «Und selbst wenn dies hier eine Beweisaufnahme sein soll – was nützt sie, wenn wir uns des Mörders nicht bemächtigen können? Vermutungen sind ja recht und gut ...»

«Schön», sagte Stevens. «Gestatten Sie mir noch ein paar Vermutungen, und wenn sie uns offenbar nicht weiterbringen, dann sagen Sie es mir, und ich gebe meine Methode auf und bediene mich der Ihren. Zuerst werden Sie vermutlich finden, daß ich mir recht viel Freiheit herausnehme, auch

But we found Judge Dukinfield dead, shot between the eyes, in this chair behind this table. That's not conjecture.

And Uncle Job was sitting all day long in that chair in the passage, where anyone who entered this room (unless he came down the private stair from the courthouse and climbed through the window) would have to pass within three feet of him. And no man that we know of has passed Uncle Job in that chair in seventeen years. That's not conjecture."

"Then what is your conjecture?"

But Stevens was talking about tobacco again, about smoking. "I stopped in West's drug store last week for some tobacco, and he told me about a man who was particular about his smoking also. While he was getting my tobacco from the case, he reached out a box of cigarettes and handed it to me. It was dusty, faded, like he had had it a long time, and he told me how a drummer had left two of them with him years ago. 'Ever smoke them?' he said. 'No,' I said. They must be city cigarettes.' Then he told me how he had sold the other package just that day. He said he was behind the counter, with the newspaper spread on it, sort of half reading the paper and half keeping the store while the clerk was gone to dinner. And he said he never heard or saw the man at all until he looked up and the man was just across the counter, so close that it made him jump. A smallish man in city clothes, West said, wanting a kind of cigarette that West had never heard of. 'I haven't got that kind,' West said. 'Don't carry them.' 'Why don't you carry them?' the man said. 'I have no sale for them,' West said. And he told about the man in his city clothes, with a face like a shaved wax doll, and eyes with a still way of looking and a voice with a still way of talking. Then West said

was Vermutungen betrifft. Aber wir haben den Richter Dukinfield hier auf diesem Stuhl an diesem Tisch tot aufgefunden, mit einer Schußwunde zwischen den Augen. Das ist keine Vermutung. Und Onkel Job hat den ganzen Tag auf seinem Stuhl im Durchgang gesessen, wo jeder, der in dieses Zimmer wollte (falls er nicht die aus dem Gerichtsgebäude führende Privattreppe herunterkam und durchs Fenster hereinstieg), in einem Meter Abstand an ihm vorbeigehen mußte. Und uns allen ist kein Mensch bekannt, der im Verlauf von siebzehn Jahren an Onkel Job ungesehen vorbeikam. Das ist keine Vermutung.»

«Was ist dann Ihre Vermutung?»

Aber Stevens sprach schon wieder vom Tabak und vom Rauchen. «Vorige Woche war ich in Wests Drug-Store, um mir Tabak zu kaufen, und West erzählte mir von einem Mann, der auch ein anspruchsvoller Raucher war. Während er meinen Tabak aus dem Kasten holte, nahm er eine Schachtel Zigaretten und reichte sie mir. Sie war verstaubt und ausgeblichen, als hätte er sie schon lange Zeit liegen gehabt, und er erzählte mir, ein Reisevertreter habe ihm vor Jahren zwei solche Päckchen dagelassen. ‹Schon mal diese Sorte geraucht?› fragte er mich. ‹Nein›, sagte ich. ‹Es müssen Großstadt-Zigaretten sein!› Da erzählte er mir, wie er das andere Päckchen gerade eben erst verkauft hatte. Er sagte, er habe hinter dem Ladentisch gestanden, auf dem die Zeitung ausgebreitet war, halb lesend und halb den Laden hütend, solange sein Verkäufer zu Tisch war. Und er sagte, er habe den Mann überhaupt nicht gesehen oder gehört, bis er zufällig aufblickte – und da stand der Mann direkt am Ladentisch, so nah, daß er zusammengezuckt sei. Ein ziemlich kleiner Mann in städtischer Kleidung, erzählte West, und er wollte eine Zigarettensorte haben, von der West noch nie gehört hatte. ‹Die Sorte hab ich nicht›, sagte West. ‹Die führ ich nicht.› ‹Warum führen Sie sie nicht?› fragte der Mann. ‹Die kann ich hier nicht verkaufen›, sagte West. Und dann erzählte er mir von dem Mann in der städtischen Kleidung, mit einem Gesicht wie eine rasierte Wachspuppe und mit Augen, die so still dreinblickten, und einer Stimme, die so

he saw the man's eyes and he looked at his nostrils, and then he knew what was wrong. Because the man was full of dope right then. 'I don't have any calls for them,' West said. 'What am I trying to do now?' the man said. 'Trying to sell you flypaper?' Then the man bought the other package of cigarettes and went out. And West said he was mad and he was sweating too, like he wanted to vomit, he said. He said to me, 'If I had some devilment I was scared to do myself, you know what I'd do? i'd give that fellow about ten dollars and I'll tell him where the devilment was and tell him not to never speak to me again. When he went out, I felt just exactly like that. Like I was going to be sick.'"

Stevens looked about at us; he paused for a moment. We watched him: "He came here from somewhere in a car, a big roadster, that city man did. That city man that ran out of his own kind of tobacco." He paused again, and then he turned his head slowly and he looked at Virginius Holland. It seemed like a full minute that we watched them looking steadily at one another. "And a nigger told me that that big car was parked in Virginius Holland's barn the night before Judge Dukinfield was killed." And for another time we watched the two of them looking steadily at each other, with no change of expression on either face.

Stevens spoke
in a tone quiet, speculative, almost musing. "Someone tried to keep him from coming out here in that car, that big car that anyone who saw it once would remember and recognize. Maybe that someone wanted to forbid him to come in it, threaten him. Only the man that Doctor West sold those cigarettes to wouldn't have stood for very much
180 threatening."

181 "Meaning me, by 'someone,'" Virginius said. He

leise sprach. Dann, sagte West, habe er die Augen des Mannes gesehen und auf seine Nasenflügel geschaut und gleich gewußt, was nicht stimmte. Der Mann war nämlich bis obenhin voll Rauschgift. ‹Die Sorte wird hier nicht verlangt›, sagte West noch. ‹Was kann ich da bloß machen?› sagte der Mann. ‹Soll ich Ihnen Fliegenfänger verkaufen?› Dann kaufte der Mann das eine Päckchen jener Zigaretten und ging. West erzählte, er sei zornig gewesen und habe geschwitzt; als müsse er sich übergeben, sagte er. Und dann sagte er: ‹Wenn ich eine Teufelei tun müßte und Bedenken hätte, sie selber zu tun, wissen Sie, was ich täte? Ich gäbe dem Burschen zehn Dollar und sagte ihm, um welche Teufelei es geht, und daß er mir nie wieder vor die Augen kommen solle. Genau so war mir zumute, als er ging. Wie wenn mir übel werden wollte.›»

Stevens blickte uns der Reihe nach an; er machte eine kurze Pause. Wir beobachteten ihn. «Der Mann kam in seinem Wagen, einem großen Roadster, von irgendwoher, dieser Stadtmensch. Der Stadtmensch, dem seine Zigarettensorte ausgegangen war.» Er machte wieder eine Pause, und dann wandte er langsam den Kopf und sah Virginius Holland an. Während einer vollen Minute, so schien es uns, sahen wir, wie die beiden sich unverwandt in die Augen blickten. «Ein Nigger hat mir erzählt, in der Nacht, bevor Richter Dukinfield ermordet wurde, habe das große Auto in der Scheune von Virginius Holland gestanden.» Wieder beobachteten wir die beiden, wie sie einander unverwandt anblickten, ohne auch nur eine Miene zu verziehen. Stevens sprach in einem ruhigen, nachdenklichen, fast träumerischen Ton. «Jemand versuchte ihn daran zu hindern, in diesem Auto in unsre Stadt zu kommen, in dem großen Roadster, den jeder, der ihn einmal sah, in Erinnerung behalten und wieder erkennen würde. Vielleicht wollte dieser Jemand ihm verbieten, mit diesem Wagen hierher zu fahren, und drohte ihm sogar. Nur ließ sich der Mann, dem Doktor West die Zigaretten verkauft hat, nicht allzusehr von Drohungen beeindrucken.

«Mit dem ‹Jemand› meinen Sie wohl mich?» sagte Virgi-

did not move or turn away his steady stare from Stevens' face. But Anselm moved. He turned his head and he looked at his brother, once. It was quite quiet, yet when the cousin spoke we could not hear or understand him at once; he had spoken but one time since we entered the room and Stevens locked the door. His voice was faint; again and without moving he appeared to writhe faintly beneath his clothes. He spoke with that abashed faintness, the excruciating desire for effacement with which we were all familiar.

"That fellow you're speaking of, he come to see me," Dodge said. "Stopped to see me. He stopped at the house about dark that night and said he was hunting to buy up little-built horses to use for this – this game –"

"Polo?" Stevens said. The cousin had not looked at anyone while he spoke; it was as though he were speaking to his slowly moving hands upon his lap.

"Yes, sir. Virginius was there. We talked about horses. Then the next morning he took his car and went on. I never had anything that suited him. I don't know where he come from nor where he went."

"Or who else he came to see," Stevens said. "Or what else he came to do. You can't say that."

Dodge didn't answer. It was not necessary, and again he had fled behind the shape of his effacement like a small and weak wild creature into a hole.

"That's my conjecture," Stevens said.

And then we should have known. It was there to be seen, bald as a naked hand. We should have felt it – the someone in that room who felt that Stevens had called that horror, that outrage, that furious desire to turn time back for a second, to unsay, to
182 undo. But maybe the someone had not felt it yet,
183 had not yet felt the blow, the impact, as for a se-

nius. Er rührte sich nicht und wandte nicht den Blick von Stevens' Gesicht. Aber Anselm regte sich. Er wandte den Kopf zur Seite und sah seinen Bruder an, ein einziges Mal. Es war ganz still, und doch – als nun der Vetter sprach, konnten wir ihn nicht gleich hören und verstehen; denn er hatte nur ein einziges Mal gesprochen, seit wir ins Zimmer gekommen waren und Stevens die Tür abgeschlossen hatte. Seine Stimme war leise, und wieder schien er sich, ohne die geringste Bewegung, in seinen Kleidern zu winden. Er sprach mit der verlegenen Scheu, mit dem qualvollen Wunsch nach Nichtvorhandensein, den wir alle längst an ihm kannten.

«Der Mann, von dem Sie sprechen, war bei mir», sagte Granby Dodge. «Er kam zu mir. Er hielt an dem Abend bei Anbruch der Nacht vor dem Haus und sagte, er sei drauf aus, kleinwüchsige Pferde aufzukaufen, wie man sie für – für ein bestimmtes Spiel braucht...»

«Polo?» fragte Stevens. Der Vetter hatte niemanden angesehen, während er sprach; es war, als spräche er zu seinen Händen, die sich auf seinem Schoß ein wenig bewegten.

«Ja, Sir. Virginius war dabei. Wir sprachen über Pferde. Am nächsten Morgen holte der Mann seinen Wagen und fuhr weg. Ich hatte gar nichts, was ihm zusagte. Ich weiß nicht, woher er kam und wohin er fuhr.»

«Oder wen er sonst noch besuchen wollte. Oder was er sonst noch erledigen wollte. Das können Sie nicht sagen.»

Dodge antwortete nicht. Es war nicht nötig, und er hatte sich wieder hinter sein zurückhaltendes Wesen geflüchtet wie ein hilfloses Waldtier in seinen Bau.

«Das ist meine Vermutung», sagte Stevens.

Da hätten wir es wissen müssen! Es war so offensichtlich, lag so platt auf der Hand. Wir hätten ein Gespür dafür haben müssen für den Jemand im Zimmer, der das empfand, was Stevens als Entsetzen und Empörung bezeichnet hatte, als das ungestüme Verlangen, die Zeit auf eine bestimmte Sekunde zurückzudrehen, um alles ungesagt und ungeschehen zu machen. Aber vielleicht hatte der Jemand es noch gar nicht empfunden, hatte noch nicht den Schlag gespürt, den

cond or two a man may be unaware that he has been shot. Because now it was Virge that spoke, abruptly, harshly, "How are you going to prove that?"

"Prove what, Virge?" Stevens said. Again they looked at each other, quiet, hard, like two boxers. Not swordsmen, but boxers; or at least with pistols. "Who was it hired that gorilla, that thug, down here from Memphis? I don't have to prove that. He told that. On the way back to Memphis he ran down a child at Battenburg (he was still full of dope; likely he had taken another shot of it when he finished his job here), and they caught him and locked him up and when the dope began to wear off he told where he had been, whom he had been to see, sitting in the cell in the jail there, jerking and snarling, after they had taken the pistol with the silencer on it away from him."

"Ah," Virginius said. "That's nice. So all you've got to do is to prove that he was in this room that day. And how will you do that? Give that old nigger another dollar and let him remember again?"

But Stevens did not appear to be listening. He stood at the end of the table, between the two groups, and while he talked now he held the brass box in his hand, turning it, looking at it, talking in that easy, musing tone. "You all know the peculiar attribute which this room has. How no draft ever blows in it. How when there has been smoking here on a Saturday, say, the smoke will still be here on Monday morning when Uncle Job opens the door, lying against the baseboard there like a dog asleep, kind of. You've all seen that."

We were sitting a little forward now, like Anse, watching Stevens.

"Yes," the Foreman said. "We've seen that."

184 "Yes," Stevens said, still as though he were not
185 listening, turning the closed box this way and that

Todesstoß, wie man es eine oder zwei Sekunden lang nicht spürt, wenn man von einer Kugel getroffen wurde. Denn jetzt war es Virge, der sprach, unvermittelt und schroff: «Wie wollen Sie das beweisen?»

«Was beweisen, Virge?» fragte Stevens. Wieder blickten sie einander an, ruhig, hart, wie zwei Boxer. Nicht wie Fechter, sondern wie Boxer – oder mindestens wie beim Pistolenduell. «Wer diesen Gorilla, diesen Gangster aus Memphis hat kommen lassen? Das brauche ich nicht zu beweisen. Er hat es selber gesagt. Auf dem Rückweg nach Memphis hat er in Battenburg ein Kind überfahren (er stand unter Rauschgift; vielleicht hat er noch eine Prise genommen, als seine Arbeit hier getan war); er wurde verhaftet und eingesperrt; als die Wirkung des Rauschgiftes nachließ – man hatte ihm die Pistole mit dem Schalldämpfer abgenommen, und er saß in seiner Zelle – erzählte er fauchend und sich sträubend, wo er gewesen war, wen er besucht hatte.»

«Ah», rief Virginius, «ist ja reizend! Jetzt brauchen Sie bloß noch zu beweisen, daß er an dem Tag in diesem Zimmer hier war. Wie wollen Sie das machen? Dem alten Nigger noch einen Dollar geben, um ihm das Gedächtnis aufzufrischen?»

Aber Stevens schien das nicht zu hören. Er stand an der Schmalseite des Tisches, zwischen den beiden Gruppen, und hielt jetzt, während er sprach, die Messingdose in der Hand, drehte sie um, betrachtete sie und sprach in seiner beiläufigen, träumerischen Art weiter. «Sie alle kennen die besondere Eigenschaft dieses Zimmers. Daß es hier nie einen Luftzug gibt. Wenn zum Beispiel an einem Samstag hier geraucht wurde, dann ist am Montag morgen, wenn Onkel Job die Tür aufschließt, der Rauch noch immer da, er liegt sozusagen wie ein schlafender Hund längs der Fußleiste. Das haben Sie ja alle schon erlebt.»

Wir saßen jetzt alle ein wenig vorgebeugt, wie Anse, und blickten Stevens an.

«Ja», sagte der Obmann. «Das haben wir erlebt.»

«Ja», sagte Stevens; er tat noch immer so, als höre er nicht zu, und drehte die Dose in seiner Hand hin und

in his hand. "You asked me for my conjecture. Here it is. But it will take a conjecturing man to do it – a man who would walk up to a merchant standing behind his counter, reading a newspaper with one eye and the other eye on the door for customers, before the merchant knew he was there. A city man, who insisted on city cigarettes. So this man left that store and crossed the courthouse and entered and went on upstairs, as anyone might have done. Perhaps a dozen men saw him; perhaps twice that many did not look at him at all, since there are two places where a man does not look at faces: in the sanctuaries of civil law, and in public lavatories. So he entered the courtroom and came down the private stairs and into the passage, and saw Uncle Job asleep in his chair. So maybe he followed the passage, and climbed through the window behind Judge Dukinfield's back. Or maybe he walked right past Uncle Job, coming up from behind, you see. And to pass within eight feet of a man asleep in a chair would not be very hard for a man who could walk up to a merchant leaning on the counter of his own store. Perhaps he even lighted the cigarette from the pack that West had sold him before even Judge Dukinfield knew that he was in the room. Or perhaps the Judge was asleep in his chair, as he sometimes was. So perhaps the man stood there and finished the cigarette and watched the smoke pour slowly across the table and bank up against the wall, thinking about the easy money, the easy hicks, before he even drew the pistol. And it made less noise than the striking of the match which lighted the cigarette, since he had guarded so against noise that he forgot about silence. And then he went back as he came, and the dozen men and
186 the two dozen saw him and did not see him, and
187 at five that afternoon Uncle Job came in to wake

her. «Sie wollten meine Vermutung hören. Hier ist sie. Sie setzt einen Täter voraus, der auch etwas von Vermutungen versteht – einen Mann, der ganz nah an einen Kaufmann herankommt, der hinter seinem Ladentisch steht und mit dem einen Auge Zeitung liest und mit dem andern die Tür für die Kunden im Auge behält, ohne zu merken, daß da einer ist. Ein Großstädter, der auf städtischen Zigaretten besteht. Der Mann verließ also den Laden und überquerte den Platz und betrat das Gerichtsgebäude und ging nach oben, wie es jeder tun konnte. Ein Dutzend Menschen mögen ihn gesehen haben; doppelt so viele mögen ihn überhaupt nicht betrachtet haben, denn es gibt zwei Orte, wo man den Leuten ganz und gar nicht ins Gesicht schaut: im Heiligtum des Gesetzes und in den Bedürfnisanstalten. Er betrat also den Gerichtssaal und ging die Privattreppe hinunter in den Durchgang, wo er Onkel Job schlafend auf seinem Stuhl sah. Vielleicht ging er den Durchgang bis zu Ende und kletterte durchs Fenster hinter dem Rücken des Richters Dukinfield. Oder er ging an Onkel Job vorbei, hinter ihm vorbei. Auf zweieinhalb Meter Abstand an einem Mann vorbeizugehen, der auf seinem Stuhl eingeschlafen ist, kann nicht sehr schwierig gewesen sein für jemanden, der sich an einen Kaufmann heranschleichen konnte, der über seinem Ladentisch lehnt. Vielleicht rauchte er sogar eine Zigarette aus dem Päckchen, das West ihm verkauft hatte, ehe der Richter Dukinfield merkte, daß er im Zimmer war. Oder vielleicht war der Richter auf seinem Stuhl eingeschlafen, was manchmal vorkam. Vielleicht hat der Mann dagestanden und die Zigarette zu Ende geraucht und dem Rauch nachgeschaut, der über den Schreibtisch hinstrich und sich an der Wand sammelte, und an das leicht verdiente Geld gedacht und an die friedlichen Bauerntölpel, ehe er die Pistole zog. Die machte weniger Lärm als das Anstreichen des Zündholzes, mit dem er die Zigarette angesteckt hatte – er hatte sich so gegen Lärm vorgesehen, daß er nicht mehr wußte, was Stille ist. Dann ging er zurück, wie er gekommen war, und das Dutzend oder die zwei Dutzend Menschen sahen ihn und sahen ihn doch nicht, und um fünf Uhr kam

the Judge and tell him it was time to go home. Isn't that right, Uncle Job?"

The old Negro looked up. "I looked after him, like I promised Mistis," he said. "And I worried with him, like I promised Mistis I would. And I come in here and I thought at first he was asleep, like he sometimes –"

"Wait," Stevens said. "You came in and you saw him in the chair, as always, and you noticed the smoke against the wall behind the table as you crossed the floor. Wasn't that what you told me?"

Sitting in his mended chair, the old Negro began to cry. He looked like an old monkey, weakly crying black tears, brushing at his face with the back of a gnarled hand that shook with age, with something. "I come in here many's the time in the morning, to clean up. It would be laying there, that smoke, and him that never smoked a lick in his life coming in and sniffing with that high nose of his and saying, 'Well, Job, we sholy smoked out that corpus juris coon last night.'"

"No," Stevens said. "Tell about how the smoke was there behind that table that afternoon when you came to wake him to go home, when there hadn't anybody passed you all that day except Mr. Virge Holland yonder. And Mr. Virge don't smoke, and the Judge didn't smoke. But that smoke was there. Tell what you told me."

"It was there. And I thought that he was asleep like always, and I went to wake him up –"

"And this little box was sitting on the edge of the table where he had been handling it while he talked to Mr. Virge, and when you reached your hand to wake him –"

"Yes, sir. It jumped off the table and I thought he was asleep –"

188 "The box jumped off the table. And it made a
189 noise and you wondered why that didn't wake the

Onkel Job herein, um den Richter zu wecken und zu sagen, es sei Zeit, heimzugehen. War es nicht so, Onkel Job?»

Der alte Neger blickte auf. «Ich hab auf ihn achtgegeben, wie ich Mistis versprochen hab», sagte er. «Ich hab immer für ihn gesorgt, wie ich Mistis versprochen hab. Und ich kam hier rein und dachte zuerst, daß er schläft, wie er manchmal...»

«Halt», sagte Stevens. «Sie kamen hier rein und sahen ihn auf seinem Stuhl wie immer, und als Sie durchs Zimmer gingen, bemerkten Sie den Rauch vor der Wand hinter dem Tisch. Haben Sie es mir nicht so erzählt?»

Der alte Neger auf seinem geflickten Stuhl begann zu weinen. Er sah wie ein alter Affe aus; rückhaltlos weinte er dicke Tränen; er wischte sich übers Gesicht, mit dem Rücken seiner runzligen Hand, die vor Alter und jetzt sowieso zitterte. «So oft bin ich hier morgens reingekommen und hab aufgeräumt. Einmal war da so ein Rauch drin, und er, der seiner Lebtage nicht geraucht hat, kam rein und schnupperte mit seiner gebogenen Nase und sagte: ‹Hah, Job, den Corpus-Juris-Schlaufuchs haben wir gestern abend gut hinausgeräuchert!›»

«Nein», sagte Stevens, «erzählen Sie uns, wie dort hinter dem Tisch Rauch war, an dem Nachmittag, als Sie den Richter für den Heimweg wecken wollten und als den ganzen Tag niemand an Ihnen vorbeigegangen war, nur Mr. Virge Holland da drüben! Mr. Virge raucht nicht, und der Richter raucht nicht. Und doch war Rauch da. Erzählen Sie, was Sie mir erzählt haben!»

«Der Rauch war da. Und ich dachte, daß der Richter schläft, wie immer, und ging zu ihm hin, um ihn zu wekken...»

«... und die kleine Dose stand auf der Tischkante, wo er mit ihr gespielt hatte, während er mit Mr. Virge sprach. Und als Sie die Hand ausstreckten, um ihn zu wecken...»

«... ja, Sir, da sprang die Dose vom Tisch, und ich dachte, er schläft...»

«Die Dose sprang vom Tisch. Und das machte einen Lärm, und Sie wunderten sich, daß der Richter davon nicht geweckt

Judge, and you looked down at where the box was lying on the floor in the smoke, with the lid open, and you thought that it was broken. And so you reached your hand down to see, because the Judge liked it because Miss Emma had brought it back to him from across the water, even if he didn't need it for a paper weight in his office. So you closed the lid and set it on the table again. And then you found that the Judge was more than asleep."

He ceased. We breathed quietly, hearing ourselves breathe. Stevens seemed to watch his hand as it turned the box slowly this way and that. He had turned a little from the table in talking with the old Negro, so that now he faced the bench rather than the jury, the table. "Uncle Job calls this a gold box. Which is as good a name as any. Better than most. Because all metal is about the same; it just happens that some folks want one kind more than another. But it all has certain general attributes, likenesses. One of them is, that whatever is shut up in a metal box will stay in it unchanged for a longer time than in a wooden or paper box. You can shut up smoke, for instance, in a metal box with a tight lid like this one, and even a week later it will still be there. And not only that, a chemist or smoker or tobacco seller like Doctor West can tell what made the smoke, what kind of tobacco, particularly if it happens to be a strange brand, a kind not sold in Jefferson, and of which he just happened to have two packs and remembered who he sold one of them to."

We did not move. We just sat there and heard the man's urgent stumbling feet on the floor, then we saw him strike the box from Stevens' hand. But we were not particularly watching him, even then. Like him, we watched the box bounce into two pieces as the lid snapped off, and emit a fading vapor which dissolved sluggishly away. As one we

wurde, und Sie schauten auf den Boden, wo die Dose mitten im Rauch lag, mit offenem Deckel, und Sie glaubten, daß sie zerbrochen sei. Darum streckten Sie die Hand aus, um nachzusehen, denn der Richter hing an der Dose, weil Miss Emma sie ihm von jenseits des Großen Wassers mitgebracht hatte, auch wenn er sie in seinem Büro nicht als Briefbeschwerer nötig hatte. Sie schlossen also den Deckel und stellten sie wieder auf den Tisch. Und dann merkten Sie, daß der Richter nicht nur schlief.»

Er schwieg. Wir atmeten kaum hörbar, und doch hörten wir unsern Atem. Stevens schien seine Hand zu betrachten, mit der er die Dose langsam hin und her drehte. Während er mit dem alten Neger sprach, hatte er sich ein wenig vom Tisch abgewandt, so daß er jetzt eher der Bank gegenüberstand als den Geschworenen am Tisch. «Onkel Job nennt das hier eine goldene Dose. Der Name paßt ebensogut wie ein anderer. Besser als die meisten. Denn alles Metall ist sich ungefähr gleich, nur ziehen manche Leute die eine Sorte einer anderen vor. Doch alle Metalle haben bestimmte gemeinsame Eigenschaften, Ähnlichkeiten. Zum Beispiel die, daß alles, was man in eine Metalldose einschließt, sich längere Zeit unverändert hält als in einer Holz- oder Papierdose. Man kann zum Beispiel in einer Metalldose mit einem so festen Deckel wie dem hier *Rauch* einsperren, und er wird noch eine Woche später drin sein. Und nicht nur das: ein Chemiker oder Raucher oder Tabakverkäufer wie Doktor West kann sagen, woher der Rauch stammt, von welcher Art Tabak, besonders, wenn es etwa eine seltene Sorte ist, eine, die es in Jefferson nicht zu kaufen gibt und von der er zufällig zwei Päckchen gehabt und noch wußte, wem er das eine verkauft hatte.»

Wir rührten uns nicht. Wir saßen nur da und hörten die hastig stolpernden Tritte des Mannes, und sahen, wie er Stevens die Dose aus der Hand schlug. Doch selbst dann achteten wir nicht hauptsächlich auf ihn. Denn genau wie er selber achteten wir darauf, wie die Dose auseinanderklappte, indem der Deckel aufging, und wie ein leichtes Rauchwölkchen herauskam, das sich träge auflöste. Dann beugten wir

leaned across the table and and looked down upon the sandy and hopeless mediocrity of Granby Dodge's head as he knelt on the floor and flapped at the fading smoke with his hands.

"But I still don't . . ." Virginius said. We were outside now, in the courthouse yard, the five of us, blinking a little at one another as though we had just come out of a cave.

"You've got a will, haven't you?" Stevens said.

Then Virginius stopped perfectly still, looking at Stevens. "Oh," he said at last.

"One of those natural mutual deed-of-trust wills that any two business partners might execute," Stevens said. "You and Granby each the other's beneficiary and executor, for mutual protection of mutual holdings.

That's natural. Likely Granby was the one who suggested it first, by telling you how he had made you his heir. So you'd better tear it up, yours, your copy. Make Anse your heir, if you have to have a will."

"He won't need to wait for that," Virginius said. "Half of that land is his."

"You just treat it right, as he knows you will," Stevens said. "Anse don't need any land."

"Yes," Virginius said. He looked away. "But I wish. . . ."

"You just treat it right. He knows you'll do that."

"Yes," Virginius said. He looked at Stevens again. "Well, I reckon I . . . we both owe you. . . ."

"More than you think," Stevens said. He spoke quite soberly. "Or to that horse. A week after your father died, Granby bought enough rat poison to kill three elephants, West told me. But after he remembered what he had forgotten about that horse, he was afraid to kill his rats before that will

uns alle zugleich über den Tisch und sahen auf den faden und hoffnungslos mittelmäßigen Kopf des Granby Dodge hinunter, der auf dem Boden kniete und mit den Händen auf den letzten vergehenden Rauch einschlug.

«Aber ich verstehe immer noch nicht...» sagte Virginius. Wir waren jetzt draußen im Hof des Gerichtsgebäudes, zu fünft, und blinzelten uns ein wenig an, als wären wir gerade aus einer Höhle herausgekommen.

«Sie haben ein Testament gemacht?» fragte Stevens.

Da blieb Virginius regungslos stehen und sah Stevens an. «Oh», sagte er endlich.

«Eine einfache gegenseitige testamentarische Schenkung, wie sie zwei beliebige Geschäftspartner abfassen können», sagte Stevens. «Sie und Granby wären einer des andern Erbe und Testamentsvollstrecker gewesen, zum gegenseitigen Schutz des beiderseitigen Besitzes. Etwas ganz übliches. Granby war wohl derjenige, der es zuerst vorschlug, indem er Ihnen sagte, er habe Sie als seinen Erben eingesetzt. Darum zerreißen Sie es jetzt lieber – Ihre Ausfertigung! Setzen Sie Anse als Ihren Erben ein, wenn Sie durchaus ein Testament machen wollen.»

«Darauf braucht er nicht erst zu warten», entgegnete Virginius. «Die Hälfte der Farm gehört ihm.»

«Behandeln Sie das Land gut, das genügt. Er weiß, daß Sie es tun werden», sagte Stevens. «Anse braucht kein Land.»

«Ich weiß», sagte Virginius und sah beiseite, «aber ich wünschte...»

«Behandeln Sie das Land gut! Er weiß, daß Sie das tun werden.»

«Ja», sagte Virginius. Er sah wieder Stevens an. «Das schon, aber ich dächte, ich ... wir beide schulden Ihnen...»

«... mehr als Sie ahnen!» sagte Stevens. Er sprach sehr ernst. «Oder dem Pferd. In der Woche nach dem Tod Ihres Vaters kaufte Granby so viel Rattengift, daß man drei Elefanten hätte umbringen können, erzählte mir West. Aber als ihm das mit dem Pferd einfiel, was er vergessen hatte, bekam er Angst, seine Ratten zu töten, ehe das Testament bestätigt

was settled. Because he is a man both shrewd and ignorant at the same time: a dangerous combination. Ignorant enough to believe that the law is something like dynamite: the slave of whoever puts his hand to it first, and even then a dangerous slave; and just shrewd enough to believe that people avail themselves of it, resort to it, only for personal ends. I found that out when he sent a Negro to see me one day last summer to find out if the way in which a man died could affect the probation of his will. And I knew who had sent the Negro to me, and I knew that whatever information the Negro took back to the man who sent him, that man had already made up his mind to disbelieve it, since I was a servant of the salve, the dynamite. So if that had been a normal horse, or Granby had remembered in time, you would be underground now. Granby might not be any better off than he is, but you would be dead."

"Oh," Virginius said, quietly, soberly. "I reckon I'm obliged."

"Yes," Stevens said. "You've incurred a right smart obligation. You owe Granby something." Virginius looked at him. "You owe him for those taxes he has been paying every year now for fifteen years."

"Oh," Virginius said. "Yes. I thought that father. ... Every November, about, Granby would borrow money from me, not much, and not ever the same amount. To buy stock with, he said. He paid some of it back. But he still owes me ... no. I owe him now." He was quite grave, quite sober. "When a man starts doing wrong, it's not what he does; it's what he leaves."

"But it's what he does that people will have to hurt him for, the outsiders. Because the folks that'll be hurt by what he leaves won't hurt him. So it's a good thing for the rest of us that what he does

war. Er ist nämlich zugleich scharfsinnig und ahnungslos: eine gefährliche Mischung. So ahnungslos, daß er meint, das Gesetz sei eine Art Sprengkörper, demjenigen dienstbar, der es als erster in die Hand bekommt – selbst dann ist es ja ein gefährliches Instrument –, und so scharfsinnig, daß er glaubt, die Leute bedienten sich seiner nur zu persönlichen Zwecken, griffen nur deshalb darauf zurück. Mir wurde das eines Tages im vergangenen Sommer bewußt, als er mir einen Neger schickte, der sich erkundigen sollte, ob die Todesart, an der ein Mann stirbt, einen Einfluß auf die Bestätigung seines Testaments haben kann. Ich wußte, wer den Neger geschickt hatte, und wußte auch, daß – einerlei, welche Auskunft der Neger dem Mann bringen würde, der ihn geschickt hatte – dieser Mann bereits entschlossen war, es nicht zu glauben, da ich ein Diener des dienstbaren Instrumentes, des Sprengkörpers war. Wenn also das Pferd sich wie andere Pferde verhalten oder Granby rechtzeitig daran gedacht hätte, dann lägen Sie jetzt schon unter der Erde. Granby hätte vielleicht nicht viel mehr davon gehabt als jetzt, aber Sie wären tot.»

«Oh», sagte Virginius ruhig und sachlich. «Da bin ich Ihnen offenbar zu Dank verpflichtet.»

«Ja, Sie haben sich allerlei Verpflichtungen aufgeladen. Sie sind auch Granby verpflichtet.» Virginius sah ihn an. «Sie sind ihm für die Steuern verpflichtet, die er seit nunmehr fünfzehn Jahren alljährlich bezahlt hat.»

«Oh!» rief Virginius «Ja. Ich dachte, daß Vater... Jedes Jahr etwa im November lieh sich Granby Geld von mir. Nicht viel, und nie den gleichen Betrag. Um Vieh damit zu kaufen, wie er sagte. Einen Teil zahlte er zurück. Aber er schuldet mir... Nein, ich schulde ihm...» Er war ganz ernst, ganz sachlich. «Wenn ein Mensch beginnt, unrecht zu tun, so ist es nicht das, was er tut, sondern was er unterläßt.»

«Aber für das, was er tut, wird er gestraft – von denen auf der andern Seite. Denn die Leute, die geschädigt werden durch das, was er nicht tut, tun ihm nichts zuleide. Darum ist es für uns hier gut, daß er wegen dessen, was er getan

takes him out of their hands. I have taken him out of your hands now, Virge, blood or no blood. Do you understand?"

"I understand," Virginius said. "I wouldn't anyway..." Then suddenly he looked at Stevens. "Gavin," he said.

"What?" Gavin said.

Virginius watched him. "You talked a right smart in yonder about chemistry and such, about that smoke. I reckon I believe some of it and I reckon I didn't believe some of it. And I reckon if I told you which I believed and didn't believe, you'd laugh at me." His face was quite sober. Stevens' face was quite grave too. Yet there was something in Stevens' eyes, his glance; something quick and eager; not ridiculing, either.

"That was a week ago. If you had opened that box to see if the smoke was still in there, it would have got out. And if there hadn't been any smoke in that box, Granby wouldn't have given himself away. And that was a week ago. How did you know there was going to be any smoke in that box?"

"I didn't," Stevens said. He said it quickly, brightly, cheerfully, almost happily, almost beaming. "I didn't. I waited as long as I could before I put the smoke in there. Just before you all came into the room, I filled that box full of pipe smoke and shut it up. But I didn't know. I was a lot scareder than Granby Dodge. But it was all right. That smoke stayed in that box almost an hour."

hat, deren Händen entzogen ist. Ich habe ihn jetzt Ihren Händen entzogen, Virge, Blutsverwandtschaft hin oder her. Verstehen Sie?»

«Ich verstehe», sagte Virginius. «Ich hätte sowieso nicht...» Dann schaute er Stevens plötzlich an. «Gavin?» sagte er.

«Was?» fragte Stevens.

Virginius beobachtete ihn genau. «Sie haben vorhin eine Menge Zeugs geredet über Chemie und so weiter und über den Rauch. Einiges davon möchte ich wohl glauben, anderes kann ich nicht so recht glauben. Wenn ich Ihnen sagte, was ich glaube und was ich nicht glaube, würden Sie mich wohl auslachen.» Sein Gesicht war ganz sachlich. Auch Stevens' Gesicht war ganz ernst. Und doch lag in Stevens' Augen und seinem Blick noch etwas anderes, etwas Feuriges und Rasches; nichts von Spöttelei.

«Das war vor einer Woche. Wenn Sie die Dose geöffnet hätten, um nachzusehen, ob der Rauch noch drin war, wäre er entwichen. Und wenn kein Rauch mehr in der Dose gewesen wäre, hätte sich Granby nicht verraten. Es war vor einer Woche. Woher wußten Sie, daß Rauch in der Dose sein würde?»

«Ich wußte es nicht», sagte Stevens. Er sagte es rasch und lebhaft und heiter, fast glücklich, fast strahlend. «Ich wußte es nicht. Ich habe gewartet, so lange ich konnte, ehe ich den Rauch in die Dose füllte. Kurz bevor Sie alle ins Zimmer kamen, füllte ich die Dose mit Pfeifenrauch und drückte den Deckel zu. Aber ich war nicht sicher. Ich habe mehr Angst ausgestanden als Granby Dodge. Doch es ist gut gegangen. Der Rauch ist fast eine Stunde in der Dose geblieben.»

Englische und amerikanische Erzählungen in der Taschenbuchreihe dtv zweisprachig:

Lewis Carroll: Alice in Wonderland / Alice im Wunderland. Illustriert. – dtv 9244

Agatha Christie: Hercule Poirot, Miss Marple and . . . (3 Whodunits / 3 Fälle. – dtv 9118

Arthur Conan Doyle: Four Penny Shockers / Vier kurze Krimis. – dtv 9235

Ernest Hemingway: Fathers and Sons. Short stories / Väter und Söhne. Kurzgeschichten. – dtv 9171

O. Henry: Classical Stories / Meistererzählungen. – dtv 9240

Alan Patrick Herbert: Clear Facts, Muddled Laws / Alles was Recht ist. – dtv 9260

Rudyard Kipling: Mowgli / Mowgli-Erzählungen aus dem Dschungelbuch. – dtv 9257

D. H. Lawrence: England, My England and other stories / England, mein England und andere Erzählungen. – dtv 9267

Jack London: Seven Great Stories / Sieben Meister-Erzählungen. – dtv 9227

Edgar Allan Poe: The Gold-Bug. The Fall of the House of Usher / Der Goldkäfer. Der Fall des Hauses Ascher. Erzählungen. – dtv 9114

Robert L. Stevenson: The Strange Case of Dr. Jekyll and Mr. Hyde / Der seltsame Fall des Dr. Jekyll und Mr. Hyde. Erzählung. – dtv 9200

Oscar Wilde: The Canterville Ghost / Das Gespenst von Canterville. Illustriert. – dtv 9110

American Short Stories (1) / Amerikanische Kurzgeschichten (1). Anderson, Wilder, Saroyan, Steinbeck, Caldwell, Faulkner, Thurber. – dtv 9003

American Short Stories (2) / Amerikanische Kurzgeschichten (2). Harte, London, Hawthorne, Poe, Melville, Mark Twain. – dtv 9006

American Short Stories (3) / Amerikanische Kurzgeschichten (3). Berriault, Bradbury, Capote, Jackson, McCarthy, McCullers, McKinley, Warren. – dtv 9222

New American Short Stories / Neue amerikanische Kurzgeschichten. Barany, Hatley, Johnson, La Puma, Minot, Newman, Tunstall, Walker. – dtv 9263

English Short Stories (1) / Englische Kurzgeschichten (1). Huxley, Maugham, Pritchett, Saki, Waugh, Woolf. – dtv 9022

English Short Stories (2) / Englische Kurzgeschichten (2). Baron, Barstow, Bates, Du Maurier, Lessing, Monsarrat, Wain, Wilson. – dtv 9206

22 Short Shorts / 22 kurze Kurzgeschichten. Bates, Benson, Broun, Brush, Cary, Collier, Farmer, Galsworthy, Gibbs, Greene, Hemingway, Joyce, Kersh, Lessing, Maugham, O'Hara, Sansom, Slesar, Taylor, Updike, Warner, Wolfe. – dtv 9208

Detective Stories / Englische Kriminalgeschichten. Wallace, Christie, Sayers. – dtv 9029

Love Stories / Amerikanische Liebesgeschichten. Callaghan, Campbell, Fitzgerald, Hemingway, McCullers, Oates, Shaw, Wouk. – dtv 9190

Ein vollständiges Verzeichnis der Reihe dtv zweisprachig ist erhältlich beim Deutschen Taschenbuch Verlag, Postfach 400422, 8000 München 40